일주일 뚝딱
도시락 레시피 100

한 그루의 나무가 모여 푸른 숲을 이루듯이
청림의 책들은 삶을 풍요롭게 합니다.

· 일주일 2만 원으로 만드는 초간단 1단 도시락 ·

일주일 뚝딱 도시락 레시피 100

뚝딱뚝딱계란씨
서혜란 지음

프롤로그

나를 위한 매일 도시락

안녕하세요? 16년 차 직장인이자 도시락 전문 유튜버 '뚝딱뚝딱계란씨'입니다. 제가 점심 도시락 콘텐츠를 올린 지 벌써 5년이 흘렀네요.

처음 도시락을 싸게 된 건 전 세계를 강타했던 코로나 때문이었어요. 당시 저는 밖에 나가 점심을 먹는 게 불안해서 회사 책상에 앉아 혼자 도시락을 먹기로 결심했습니다. 첫 도시락을 싸던 날, 기왕이면 조금 더 의미 있는 기록을 남기고 싶은 마음에 '20분 컷 직장인 점심 도시락'이라는 제목으로 영상을 제작했어요. 처음 해보는 일이지만 힘든 것도 모를 정도로 재미있었죠. 점심시간마다 어디로 갈지 고민할 필요가 없으니 시간 절약도 되더라고요. 또 그렇게 작업한 결과물이 유튜브에서 좋은 반응을 얻은 덕택에, 이제는 온라인과 오프라인에서 강의도 하며 N잡러의 삶을 살고 있습니다.

5년이란 시간 동안 도시락에 대한 문의는 자주 있었어요. 그런데 최근에는 "저도 도시락을 싸고는 싶은데, 매일 도시락을 싸려면 귀찮지 않나요?" 하고 물어보시는 분들이 훨씬 더 많아졌어요. 아무래도 물가가 많이 올라서 점심값이 부담되기도 하고, 건강에 대한 관심이 늘어난 때문인 것 같아요. 점심값을 아끼고 싶어서, 몸에 좋은 걸 먹고 싶어서, 간단히 먹고 사유 시간을 확보하고 싶어서 등 저마다 이유는 다르겠지만, 기왕 도시락을 싸기로 결심했다면 몇 가지 작은 요령만으로도 얼마든지 쉽고 편하게 도시락을 쌀 수 있답니다.

우선 도시락을 예쁘게 싸야 한다거나 여러 가지 메뉴를 구성해야 한다는 부담만 버려도, 도시락 싸는 일이 훨씬 쉽고 즐거워져요. 도시락 레시피를 검색하다 보면

화려하고 이색적인 도시락이나 반찬으로 꽉꽉 찬 3단 도시락을 쉽게 볼 수 있는데요, 요리를 정말 좋아하는 분이 아닌 이상 현실적으로 매일 그렇게 도시락을 싸기란 어렵지 않을까 해요. 집에 있는 반찬을 그냥 담는 거면 몰라도, 별도의 반찬을 여러 개 만드는 것도 매일 한다고 생각하면 꽤 부담이고요.

그래서 저 같은 경우는 간편하게 도시락을 구성할 수 있고, 출퇴근하면서 이동할 때도 너무 무겁지 않은 1단 도시락을 사용하고 있어요. 일품 요리나 메인 반찬 한 가지만 싸면 되니까 만드는 시간이나 과정에 대한 부담도 적지요.

메뉴를 정하는 일도 마찬가지예요. 저는 음식을 만들고 남은 재료가 냉장고 속에서 일주일을 넘기지 않도록 바로바로 도시락 메뉴로 활용해요. 저희 가족은 저와 남편, 딸아이, 이렇게 3인으로 구성되어 있는데요, 저녁 메뉴를 만들고 남은 주재료를 이용해서 다음날 도시락을 싸는 일이 많아요. 예를 들어 두부 찌개를 끓이고 남은 두부를 이용해서 다음날 점심 도시락으로 두부 강정이나 두부 유부 초밥을 만드는 거죠. 때론 이 과정이 반대가 되기도 해요. 저희 집에선 사정상 저만 도시락을 싸기 때문에 내일 점심에 뭘 먹을지 고민하며 도시락 메뉴를 정하는 일은 순수하게 저만의 즐거움이거든요. 그래서 제가 먹고 싶은 메뉴를 고민해서 도시락을 싸고 나면, 남은 식재료로 저녁을 준비하는 일도 많아요. 심지어 점심 메뉴가 맛있어서 저녁 메뉴를 동일하게 준비하는 경우도 꽤 있고요. 재료를 바로바로 활용하다 보니, 금요일 정도 되면 냉장고가 텅 빈답니다. 정말 버리는 재료 없이 알뜰하게 챙겨 먹으면서 생활비를 아낄 수 있는 거죠. 이런 식으로 메인 재료 한 가지로 점심 도시락과 저녁 메뉴를 정하는 데 익숙해지면, 버리는 재료가 많아 쉽사리 요리에 도전하기 힘들었던 1인 가구 역시 음식물 쓰레기를 줄이고 식비를 절감할 수 있을 거예요.

그러려면 장보기가 중요한데요, 일주일 치 메뉴를 미리 계획하고 필요한 재료를 목록으로 작성해서 장을 보러 가면 좋아요. 저 같은 경우는 집 근처에 재래시장이 있어 주말에 일주일 치 식재료를 구매하고 있는데요, 부족한 경우에는 재래시장을 다시 방문하거나 쿠팡 등을 이용해서 추가로 구매하고 있어요. 대량으로 구매하면 할인이 많이 되긴 하지만, 자꾸 쌓이다 보면 버리는 일도 그만큼 많아지더라고요.

도시락을 어렵게 느끼는 또 다른 장벽은 요리에 자신이 없다는 이유일 것 같아요. 가뜩이나 아침에 일어나 출근할 준비를 하려면 시간이 부족한데, 도시락까지 싸려면 너무 힘들지 않을까 하는 생각이 들죠. 그래서 이 책에는 준비부터 완성까지, 진짜 20분 안에 완성할 수 있는 레시피들을 소개하고 있어요. 바쁜 아침, 조금이라도 시간을 아끼려면 조리 동선을 최소화하여 효율적으로 작업하는 게 중요하지요. 끓고 익히는 시간을 고려해서 다음 단계를 생각하며 진행하면 시간을 훨씬 단축할 수 있답니다. 저 서 같은 경우는 나눔팬을 이용해시 동시에 두세 가지 재료를 조리해요. 한쪽 칸에는 계란프라이를 하고 한쪽 칸에는 스팸을 볶는 식이죠. 사실 저는 조리 도구를 거의 쓰지 않는 편이거든요. 온라인 도시락 클래스를 할 때 담당자 분이 도구 소개를 해 달라고 하는데, 냄비 하나와 나눔팬 하나가 전부라 난감했던 적도 있어요. 그만큼 이 책에서는 별다른 도구 없이 최소의 품으로 손쉽게 만들 수 있는 레시피들을 만날 수 있답니다.

나를 위해 내일은 무엇을 먹을지 고민하고, 예쁘게 요리해 담는 과정은 예상치 못한 뿌듯함을 선사해 줍니다. 이 책에는 제가 유튜브에 올린 도시락 중 인기 있었던 메뉴를 추려서 목적별로 나누어 담았는데요, 모든 영상은 실제 출근하는 날 아침에 만들었던 과정을 그대로 촬영했다가 주말에 편집해서 올린 것들이랍니다. 그만큼 현실적이고 간편한 메뉴라고 자신해요. 처음 도시락을 싸려는 분이나 매일 먹는 도시락에 변화를 주고 싶은 분들 모두에게 이 책이 도움이 됐으면 좋겠습니다. 여러분의 매일 도시락 생활을 응원할게요. 오늘도 맛점하세요!

차례

프롤로그 나를 위한 매일 도시락	004
이 책에서 사용한 계량 기준	012
자주 쓰는 재료 손질 및 보관법	014
시간 단축을 도와 주는 조리도구	020

PART 1
준비부터 완성까지, 그대로 따라 하는 20분 도시락

묵은지말이밥	024	무생채 덮밥	050
스팸 간장 덮밥	026	간장 무조림	052
매콤 토마토소스 돈가스	028	크래미 밥샌드위치	054
케첩말이밥	030	토마토 카레	056
양배추 쌈밥	032	차돌박이 팽이버섯말이	058
단호박 크림치즈 샌드위치	034	열무 참치 비빔밥	060
마파두부	036	고추장 삼겹살	062
여름 샐러드	038	차돌박이 부추 덮밥	064
부추 계란 볶음	040	브로콜리 새우 볶음	066
삼겹살 김치찜	042	추계 묵사발	068
송이 새우 덮밥	044	콩나물버섯밥	070
훈제오리 월남쌈	046	참치 새싹 덮밥	072
가지 덮밥	048		

PART 2
한 가지 재료로
일주일 간편 도시락

두부

두부 강정 076	두부 스팸전 080
두부 유부 초밥 078	순두부 덮밥 082
	순두부 계란 덮밥 084

돈가스

돈가스롤 086	돈가스 김치 덮밥 090
돈가스 계란말이 088	땡초 돈가스 092
	치아바타 돈가스 샌드위치 094

양배추

양배추 김밥 096	양배추 삼겹살말이 100
양배추 만두 098	양배추 소시지빵 102
	치즈 양배추전 104

닭고기

데리야키 치킨 소보로 덮밥 106	고추 바삭 치킨 110
닭불고기 108	닭봉 조림 112
	버터 치킨 카레 114

감자

감자 뇨키 116	감자채전 120
감자 베이컨말이 118	감자 치즈 크로켓 122
	꽈리고추 감자 조림 124

PART 3

언제 어디서나 활용성 좋은 주먹밥, 김밥, 샌드위치

꼬마 스팸 계란 김밥	**128**	베이컨 시금치 주먹밥	**154**
토핑 유부 초밥	**130**	구운 소고기 주먹밥	**156**
베이컨 계란 김밥	**132**	계란 폭탄 주먹밥	**158**
두부 계란 김밥	**134**	떡갈비 고추장 주먹밥	**160**
진미채 김밥	**136**	새우튀김 삼각 김밥	**162**
삼겹살 파김치 김밥	**138**	오픈 샌드위치	**164**
당근 스팸 김밥	**140**	삼색 샌드위치	**166**
소시지 김밥	**142**	과일 샌드위치	**168**
계란말이 김밥	**144**	땅콩버터 토스트	**170**
회오리 김밥	**146**	베이컨 치즈 토스트	**172**
햄버거 김밥	**148**	대파 토스트	**174**
땡초 김밥	**150**	몬테크리스토 샌드위치	**176**
멸치 주먹밥	**152**		

PART 4
기분 내기 좋은 스페셜 도시락

유린기	180	훈제오리 쪽파 볶음	206
와사비 계란 샌드위치	182	딸기 롤샌드위치	208
닭다리살 대파 덮밥	184	식빵 시금치 프리타타	210
우렁 쌈밥	186	새송이 떡갈비	212
옛날 도시락	188	명란 크림 파스타	214
고추 잡채	190	치킨 토르티야롤	216
전복 새송이 버터구이	192	찹스테이크	218
규동	194	포케 샐러드	220
간장 등갈비와 감태말이	196	스테이크 바질 크림 리소토	222
라이스페이퍼 치킨	198	장어 덮밥	224
크루아상 샌드위치	200	아보카도 간장 계란밥	226
트리 삼각 김밥	202	아보카도 무스비	228
항정살 덮밥	204		

책속부록　2만 원 컷 일주일 도시락 식단표　　230

이 책에서 사용한 계량 기준

1. 밥, 액체, 가루

밥과 액체, 가루는 주걱과 스푼, 컵을 기준으로 계량했어요. 스푼은 밥숟가락을 사용했는데, 흘리지 않을 정도로 한 숟가락 떴을 때 액체류는 12ml, 가루는 10g 기준입니다. 물을 포함한 액체류는 10스푼(120ml)을 1컵으로 잡았어요. 케첩이나 토마토소스 등 점성 있는 소스류는 액체와 동일하게 1스푼에 12ml로 계량하시면 돼요.

밥 1주걱 = 150g

다진 마늘 1스푼 = 10g

가루 1스푼 = 10g

2. 제품류

대개의 제품은 규격이 정해져 있기 때문에, 편의에 따라 개수와 무게를 혼용해서 표기했어요. 이 책에서 자주 쓰는 제품의 중량은 다음과 같으니 참고해서 활용하세요.

김밥용 단무지 3줄 = 50g
두부 1모 = 300g
소시지 1개 = 120g
어묵 1장 = 60g

베이컨 1줄 = 20g
모차렐라치즈 1줌 = 50g
참치 1캔 = 80g~200g(제품별 분량 표기 참조)

크래미 1통 = 70g~1kg(제품별 분량 표기 참조)
크림치즈 1통(필라델피아 크림치즈 기본형) = 190g

3. 채소류

채소는 크기에 따라 무게 차이가 크기 때문에 중량으로 표기했는데요, 매번 중량을 재기 귀찮거나 어느 정도인지 가늠해서 활용하고 싶은 분들은 아래를 참고해 주세요.

가지 1개(작은 크기) = 150g
감자 1개(중간 크기) = 160g
느타리버섯 1줌 = 70g
당근 1개(중간 크기) = 150g
대파 1대 = 150g
루꼴라 1포기 = 15g
무 1개(작은 크기) = 1kg
미니 단호박(껍질과 씨 제외) 1개 = 150g
미니 파프리카 1개 = 25g

방울토마토 1개 = 10g
브로콜리 1개(중간 크기) = 200g
상추 1장 = 5g
새송이버섯 1개 = 100g
새우 1개 = 15g
생강 1톨 = 60g
아보카도 1개 = 160g
양배추 1통 = 2kg
양송이버섯 1개 = 20g

양파 1개(중간 크기) = 120g
영양부추 1단 = 200g
오이 1개(중간 크기) = 250g
쪽파 10g = 2줄기
치커리 3장 = 10g
토마토 1개 = 100g
파프리카 1개(중간 크기) = 150g
팽이버섯 1봉지 = 150g
피망 1개(큰 크기) = 100g

자주 쓰는 재료 손질 및 보관법

일주일에 한 번 장을 보고 요리를 하려면, 구입한 식재료를 일주일 동안 잘 보관해야겠지요. 채소와 고기 등 이 책에서 자주 활용한 재료를 기준으로 손질과 보관을 어떻게 하면 될지 소개합니다.

대파

지퍼백에 신문지나 키친타월을 깔아 줍니다. 대파는 뿌리를 그대로 둔 상태에서 흰 부분과 파란 부분으로 자릅니다. 지퍼백에 흰색 파와 파란색 파를 분리하여 담고 냉장 보관합니다. 눕히지 말고 세워서 보관하면 압력을 덜 받아 더 오래 보관할 수 있습니다.

당근

일주일 이내에 바로 먹을 경우라면 적당히 손질해서 물기를 제거한 후 밀폐 용기에 담아 냉장 보관하면 됩니다. 그러나 더 오래 보관할 경우라면, 여러 모양으로 썰어서 냉동 보관하면 편리해요. 당근은 대개 작은 크기로 깍둑 썰거나 가늘게 채 썰어서 요리에 활용하는 일이 많죠. 그래서 저는 구입한 당근의 반은 작게 깍둑 썰기, 반은 가늘게 채 썰기를 해서 냉동 보관했다가, 요리할 때 해동 없이 바로 사용하고 있습니다.

콩나물

사용하고 남은 콩나물은 밀폐 용기에 넣어 주세요. 콩나물이 잠길 정도로 물을 붓고 냉장 보관하면 일주일 정도 보관이 가능합니다.

브로콜리

꽃봉오리가 단단하고 짙은 녹색을 띠는 브로콜리를 구매하세요. 볼에 물을 담고 식초 2스푼을 넣은 뒤 브로콜리를 거꾸로 뒤집어서 물속에 담가 줍니다. 이때 집게로 고정하여 움직임을 최소화하면 좋아요. 20분 정도 담갔다가 흐르는 물에 여러 번 헹궈 주세요. 그다음 먹기 좋게 잘라 줍니다. 영양이 풍부한 줄기도 겉부분은 필러나 칼로 벗겨 내서 잘라 주세요. 손질한 브로콜리는 찜기에서 3분~5분 정도 찐 다음, 찬물에 식혀 물기를 완전히 제거해 줍니다. 바로 먹을 양은 냉장 보관하고 나머지는 냉동 보관해요. 냉동된 브로콜리는 해동 없이 바로 요리에 사용할 수 있어서 편리합니다.

두부

남은 두부는 밀폐 용기에 넣고 두부가 잠길 정도로 물을 채워 줍니다. 이때 물에 소금을 약간 넣으면 두부가 단단해지고 신선도가 유지됩니다.

순두부

남은 순두부는 밀폐 용기에 담아 보관합니다. 순두부는 상하기 쉬운 식재료이므로, 개봉 후 2일 정도 안에 섭취하는 것이 좋습니다.

양배추

사용하고 남은 양배추는 잘린 면이 공기와 결합하여 갈변하는 것을 방지하기 위해 랩을 감싸서 냉장 보관합니다. 채 썬 양배추는 물기를 제거한 후 밀폐 용기에 담고, 랩을 한 겹 덮어 공기가 들어가지 않도록 합니다.

닭다리살

순살 닭다리살이 없을 경우 뼈 있는 닭다리를 구매한 뒤 정육해서 사용할 수 있어요. 먼저 닭다리의 발목 부분을 가위로 잘라서 힘줄을 끊어 분리하여 줍니다. 닭다리의 뼈가 없는 낮은 쪽에 가위를 끼워 자르고 뼈에 붙은 살을 조금씩 돌려가면서 잘라주면 뼈와 살이 분리됩니다.

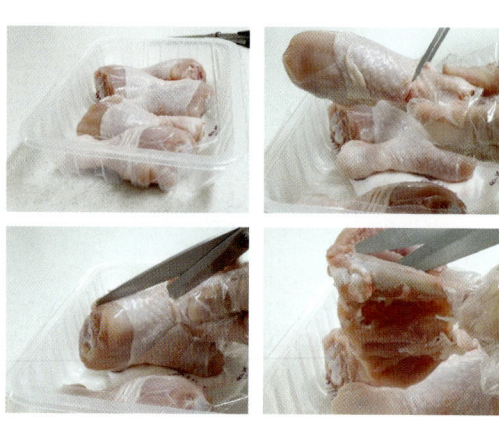

감자

감자를 소량 구입했을 때는 냉장 보관하면 됩니다. 그러나 대량을 구입했을 때는 신문지에 감싸 종이 상자에 넣어 보관하면 좋아요. 햇빛을 피하고 습기가 적으며 어두운 곳에서 보관해야 싹이 나지 않습니다.

돈가스

돈가스는 도시락 메뉴로 빠트릴 수 없는 인기 재료입니다. 냉동 돈가스 제품을 구입해도 되고, 수제 돈가스를 한 번에 넉넉히 만들어서 활용할 수도 있는데요, 저는 한 달에 한 번 정도 수제 돈가스를 만들어 두고 먹고 싶을 때 꺼내서 도시락 메뉴로 응용하고 있어요. 돈가스는 튀김옷을 입힌 상태로 밀폐 용기에 담아 냉동 보관합니다. 밀폐 용기에 넣을 때 종이 랩을 고기 사이사이에 껴서 담으면, 꺼낼 때 잘 떨어져서 편리해요. 먹기 전날 냉장고에 돈가스를 옮겨 둔 뒤 조리를 하면 되고, 바로 조리할 때는 팬에 기름을 두른 뒤 중약불에서 서서히 익히면 됩니다. 에어프라이어에 익힐 때는 돈가스 앞뒤 면에 요리유를 잘 바른 뒤 200도에서 15분씩 각각 구워 주세요. 단, 기계 사양에 따라 상이할 수 있으니 제품에 따라 맞춰서 활용하도록 하세요.

수제 돈가스 만드는 법

재료   돼지고기 등심 1.2kg(개당 120g씩 10개 분량), 계란 3개,
부침가루·빵가루 적당량, 소금·후추 약간

만드는 법

1   돼지고기 등심을 약 15cm 정도 크기로 잘 두드려 편 뒤, 소금과 후추를 뿌려서 밑간해 준다.
2   계란을 풀어서 계란물을 만든다.
3   등심을 부침가루, 계란물, 빵가루 순서대로 넣어 튀김옷을 입힌다.
4   밀폐 용기에 담은 뒤 냉동 보관한다.

시간 단축을 도와주는 조리도구

앞서도 말씀드렸듯이, 저는 도시락을 쌀 때 조리도구를 최소화해서 메뉴를 만드는데요, 여기에서는 평소 제가 애용하는 조리도구 몇 가지를 소개해 드려요. 전혀 특별할 게 없는 친숙한 도구들이지만, 은근 요리 시간을 단축해 주는 효자템들이랍니다.

키친아트 사각 나눔프라이팬

바쁜 아침에는 팬 하나로 모든 요리 과정을 해결할 수 있습니다. 시간도 단축되고 설거지거리가 줄어서 효율적이죠. 주로 계란프라이, 각종 볶음, 전 요리, 토스트를 할 때 사용합니다.

미니 실리콘 찜기(전자레인지용)

시간 절약을 할 때는 전자레인지만큼 편리한 게 없죠. 저는 야채를 데치거나 삶을 때 그리고 급하게 밥을 지어야 할 때 전자레인지를 자주 활용합니다.

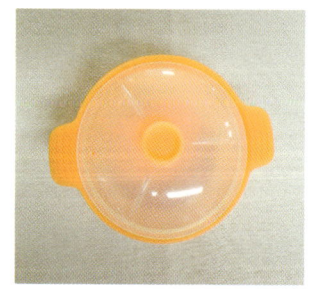

나무 숟가락, 젓가락 세트

그야말로 만능템입니다. 계량하고 볶고 간을 맞추는 모든 과정에 사용합니다.

도시락통

간편한 1단 도시락을 주로 사용합니다. 칸이 나눠져 있는 제품도 있고, 통으로 된 제품도 있어서 메뉴에 따라 도시락통을 선택해요.

야채 다지기

다지기를 이용하면 시간을 많이 단축시킬 수 있어서 자주 사용하는 편입니다. 특히 볶음밥용 야채 다지기나 다진 마늘이 필요할 때 좋아요.

PART 1

준비부터 완성까지, 그대로 따라 하는 20분 도시락

묵은지말이밥

재료

밥 2주걱
묵은지 250g
참치 150g
청양고추 1개

묵은지 양념

매실액 1.5스푼
참기름 3스푼

밥 양념

마요네즈 5스푼
통깨 2스푼

만드는 법

1. 묵은지는 물에 깨끗이 씻고, 청양고추는 잘게 썬다.
2. 묵은지에 묵은지 양념 재료를 모두 넣고 버무린다.
3. 밥에 기름을 꾹 짠 참치와 잘게 썬 청양고추, 밥 양념 재료를 모두 넣어서 잘 섞는다.
4. 밥을 뭉쳐서 초밥 모양이 되도록 만든 다음, 묵은지 위에 올려 돌돌 말아 준다.

Tip.
- 매실액은 묵은지의 신맛에 따라 가감해 주세요. 매실액 대신 설탕으로 대체할 수 있어요.
- 취향에 따라 홍고추를 편 썰어 올려 주면 예쁘게 모양 내기 좋아요.

스팸 간장 덮밥

재료

스팸 150g
양파 80g
계란 2개

간장 소스

물 8스푼
간장 1.5스푼
쯔유 1스푼
설탕 1스푼
올리고당 1스푼
후추 약간

양념

미림 1스푼
요리유 5스푼

만드는 법

1. 스팸은 뜨거운 물에 데쳐서 불순물을 제거한 후 깍둑 썰고, 양파는 채 썬다.
2. 계란에 미림을 넣어 잘 풀어 준 다음, 팬에 요리유 1스푼을 두르고 중약불에 계란물을 부어 스크램블한다. 완성된 스크램블은 접시에 담는다.
3. 같은 팬에 요리유 4스푼을 두르고 중강불에 채 썬 양파를 볶는다.
4. 양파가 어느 정도 익으면 스팸을 넣어서 같이 볶는다.
5. 스팸이 노릇해지고 양파가 투명해졌을 때 간장 소스 재료를 넣어 졸인다.
6. 도시락에 밥을 적당히 담은 다음, 5의 졸인 간장 소스를 적당히 뿌린다. 그 위에 스팸과 양파를 따로 건져 내 올리고, 스크램블을 함께 담으면 완성이다.

Tip.
- 스크램블을 할 때 팬에서 바로 체망에 거르면 시간도 단축되고 스크램블이 훨씬 더 부드러워져요.
- 쯔유가 없으면 간장 1스푼을 더 넣는 것으로 대체할 수 있어요.

매콤 토마토소스 돈가스

재료

돼지고기 등심 180g
파프리카 70g
양파 90g
페페론치노 6개
계란 1개
모차렐라치즈 20g

매콤 토마토소스

시판 토마토소스 170g
치킨 스톡 0.3스푼
물 6스푼

양념

부침가루·빵가루·요리유 적당량
소금·후추 약간

만드는 법

1. 등심에 소금과 후추를 뿌려 밑간을 한다. 파프리카와 양파는 잘게 썰어서 준비한다.
2. 계란을 풀어 계란물을 만든 다음, 밑간한 고기에 부침가루, 계란물, 빵가루를 순서대로 묻힌다.
3. 팬에 요리유를 자박하게 부은 다음, 온도가 높아지면 돈가스를 넣고 튀긴다. 돈가스가 노릇하게 튀겨지면 꺼내 두고, 사용한 팬은 키친타월로 닦아 기름기를 제거한다.
4. 같은 팬에 다시 요리유를 살짝 두르고 잘게 썬 파프리카와 양파를 넣는다. 그다음 페페론치노를 손으로 부셔 넣고 함께 볶아 준다.
5. 양파가 어느 정도 익으면 소스 재료를 모두 넣어 끓인다. 보글보글 끓었을 때 모차렐라치즈를 넣어 주면 완성이다. 돈가스에 매콤 토마토소스를 곁들여 먹는다.

Tip.
- 시판 돈가스 제품을 이용하거나 수제 돈가스를 미리 만들었다가 사용하면 시간을 훨씬 더 단축할 수 있어요.
- 페페론치노는 청양고추로 대체 가능하고, 양을 가감해서 매운맛을 조절하세요.

PART 1.

04

케첩말이밥

재료

밥 1주걱 반
스팸 100g
계란 6개
양파 35g
파프리카 15g
당근 20g
대파 15g

양념

케첩 2스푼
소금 5꼬집
요리유 4스푼

만드는 법

1. 스팸은 뜨거운 물에 데쳐 불순물을 제거한 후 잘게 썬다. 대파, 양파, 파프리카, 당근도 비슷한 크기로 잘게 썬다.
2. 팬에 요리유 3스푼을 두르고 대파와 스팸을 넣어서 파 향이 배도록 볶다가, 나머지 채소도 넣어 같이 볶는다.
3. 채소가 어느 정도 익으면 소금 2꼬집을 넣어 잘 섞은 뒤, 밥과 케첩을 넣어서 한 번 더 볶아 준다.
4. 계란에 소금 3꼬집을 넣고 잘 풀어 준다. 팬에 요리유 1스푼을 두르고 중약불에 계란물을 붓는다. 계란물이 완전히 익기 전에 준비한 볶음밥을 적당히 올린다.
5. 계란물이 찢어지지 않도록 잘 말아 준 다음, 한 김 식혀서 자르면 완성이다.

Tip.
- 냉장고 속 자투리 채소를 적극 활용해 보세요. 채소를 다질 때 다지기를 사용하면 좀 더 간편하고 시간도 단축할 수 있어요.
- 계란을 말 때 처음에는 모양이 흐트러져도 괜찮아요. 마지막 계란물에서 모양을 잡아 주세요.

양배추 쌈밥

재료

밥 2주걱
양배추 400g
참치 100g
양파 30g
홍고추 1개
청양고추 1개
물 2스푼

쌈장 소스

쌈장 5.5스푼
올리고당 0.5스푼
들기름 1스푼
깨 약간

만드는 법

1. 전자레인지 용기에 양배추를 넣은 뒤 물 2스푼을 넣어 8분간 찐다.
2. 양파, 청양고추, 홍고추는 잘 다지고, 참치는 꾹 짜서 기름을 빼 준다.
3. 볼에 준비한 채소와 참치를 넣은 뒤, 쌈장 소스 재료를 모두 넣어서 잘 버무려 준다.
4. 찐 양배추를 한 장씩 떼어 밥 적당량을 올린 뒤 돌돌 만다. 한입 크기로 잘라서 도시락에 담는다.
5. 양배추쌈 위에 참치 쌈장을 듬뿍 올리면 완성이다.

Tip.
- 찐 양배추를 말 때 심지가 두껍다면 칼로 살짝 저며 주세요.
- 홍고추와 청양고추를 채 썰어 양배추 쌈밥 위에 올리면 훨씬 더 먹음직스러워요.

단호박 크림치즈 샌드위치

재료

단호박 400g
소금빵 2개
크림치즈 50g
루꼴라 2g
마요네즈·물 적당량

소스

요플레 2스푼
알룰로스 2스푼

만드는 법

1. 단호박의 씨를 뺀 다음 툭툭 썰어서 전자레인지용 용기에 담는다. 물을 조금 부은 뒤 12분간 쪄 준다.
2. 찐 단호박에 소스 재료를 넣고 으깬다.
3. 소금빵의 가운데를 가른 뒤 마요네즈를 바른다. 마요네즈 양은 기호에 따라 조절한다.
4. 루꼴라를 올린 뒤 준비한 단호박 무스와 크림치즈를 잘 펴서 바르면 완성이다.

Tip. • 소금빵 대신 좋아하는 빵으로 대체할 수 있어요.

마파두부

재료

두부 200g
스팸 100g
양파 80g
파프리카 30g
대파 20g
물 8스푼

소스

두반장 1스푼
고춧가루 1스푼
굴소스 1스푼
설탕 0.8스푼
다진 마늘 1스푼

양념

요리유 3스푼
전분물 약간

만드는 법

1. 스팸은 뜨거운 물에 데쳐 불순물을 제거한 후 다지고, 두부는 큼직하게 깍둑 썬다.
2. 대파, 양파, 파프리카는 잘게 썰어서 준비한다.
3. 팬에 요리유를 넣고 중강불에 대파를 먼저 볶아 파향을 낸다. 그다음 스팸과 양파, 파프리카를 넣어서 볶아 준다.
4. 어느 정도 볶아졌으면 소스 재료를 모두 넣어서 볶는다.
5. 양념이 골고루 섞이면 물과 두부를 넣고 끓이다가 보글보글 끓어 오르면 전분물을 넣어 농도를 조절해 완성한다.

Tip.
- 전분물은 감자전분과 물을 1:2의 비율로 섞어서 만들 수 있어요.
- 단단한 부침두부를 사용하면 두부가 덜 으깨져서 활용하기 좋아요. 부드러운 식감을 원하면 순두부를 사용하세요.

PART 1.

여름 샐러드

재료

오이 125g
방울토마토 170g
냉동 새우 120g
삶은 병아리콩 55g

소스

올리브유 3스푼
레몬즙 1스푼
알룰로스 0.5스푼
소금·후추 약간

만드는 법

1. 오이는 길게 4등분하여 가운데 씨 부분을 제거한 뒤 깍둑 썬다. 방울토마토는 반으로 잘라서 준비한다.
2. 냉동 새우는 뜨거운 물에 데친 뒤 찬물에 헹궈 식히고 물기를 제거한다.
3. 준비한 채소와 새우, 병아리콩을 볼에 담고 소스 재료를 모두 넣어 버무린 뒤 간을 맞추면 완성이다.

Tip.
- 냉동 새우를 물에 넣고 해동할 때 소주나 식초 1스푼을 넣어 주면 비린내를 잡을 수 있어요.
- 병아리콩은 하룻밤 정도 불렸다가 삶아야 해요. 한 번에 삶아서 냉동 보관했다가 먹고 싶을 때 전자레인지에 돌려 활용하세요.

부추 계란 볶음

재료

부추 35g
왕란 3개(소란일 경우 4개)

양념

소금 2꼬집
미림 1스푼
요리유 3스푼
굴소스 1스푼
참기름 1.5스푼
깨 약간

만드는 법

1. 부추는 3cm 간격으로 자른다.
2. 볼에 계란을 깨뜨려 푼 뒤, 소금과 미림을 넣고 저어서 계란물을 준비한다. 팬에 요리유를 두르고 계란물을 부어 스크램블한다.
3. 계란이 반쯤 익으면 부추와 굴소스를 넣고 볶는다.
4. 부추의 숨이 죽으면 참기름과 깨를 넣고 휘리릭 볶아낸다.

Tip. 스크램블을 할 때 너무 휘저으면 입자가 작아져 식감이 좋지 않아요. 횟수는 줄이고 살살 가운데로 모으듯 저어야 입자도 크고 보기에도 좋아요.

삼겹살 김치찜

재료

신김치 300g
삼겹살 300g
청양고추 1개
물 2컵 반
코인 육수 1개

소스

고춧가루 1스푼
간장 1.5스푼
참치액 1스푼
설탕 0.5스푼

만드는 법

1. 신김치를 1장씩 떼어 펼친 다음, 그 위에 삼겹살을 1줄씩 올리고 돌돌 말아 준다.
2. 돌돌 만 김치를 냄비에 가지런히 담고, 청양고추를 송송 썰어 넣는다.
3. 물과 코인 육수, 소스 재료를 모두 넣고 끓인다. 뚜껑을 열고 강불에서 10분, 중약불에서 5분 정도 끓여서 졸이면 완성이다.

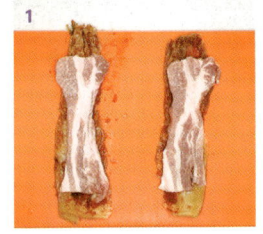  

Tip.
- 김치의 신맛에 따라 설탕을 가감해 주세요.
- 물과 코인 육수는 멸치 육수로 대체 가능해요. 코인 육수는 준비해 둔 멸치 육수가 없을 때 바로 국물 내기에 좋아요.

송이 새우 덮밥

재료

양송이버섯 140g
브로콜리 50g
흰다리새우 180g
마늘 6쪽
페페론치노 6개
물 4스푼

양념

요리유 4스푼
굴소스 1스푼
전분물·후추 약간

만드는 법

1. 양송이버섯과 마늘은 굵직하게 편으로 썬다.
2. 양송이버섯, 브로콜리, 새우는 각각 뜨거운 물에 살짝 데친 뒤 수분을 빼 준비한다.
3. 팬에 요리유를 두르고 편마늘을 넣는다. 페페론치노는 손으로 부셔 넣고 중약불에서 볶아 매운 향을 낸다.
4. 팬에 데친 재료를 모두 넣는다. 중강불에서 굴소스와 후추를 넣은 다음 휘리릭 볶는다.
5. 물을 넣고 바글바글 끓으면 전분물을 넣어 농도를 맞춘다. 빠르게 볶아 주면 완성이다.

Tip.
- 양송이버섯은 얇게 채 썰면 뭉개지고 식감이 좋지 않아요.
- 브로콜리를 씻을 때는 봉오리가 아래로 향하게 두고 식초나 베이킹소다를 탄 물에 5분간 담갔다가 잘 흔들면서 세척하세요.

훈제오리 월남쌈

재료

훈제오리 200g
빨강·노랑 파프리카 각 150g
양배추 80g
당근 70g
라이스페이퍼 8장~10장

만드는 법

1 훈제오리는 용기에 담아 전자레인지에 10분간 돌려 준다.
2 파프리카, 양배추, 당근은 최대한 얇게 채 썬다.
3 채 썬 재료를 모두 섞는다.
4 라이스페이퍼를 따뜻한 물에 살짝 담갔다 뺀 뒤, 훈제오리와 채소를 모두 넣고 돌돌 만다. 취향에 따라 소스를 함께 준비한다.

Tip.

- 시판 스위트 칠리소스나 시판 땅콩 소스를 준비해서 함께 먹으면 좋아요.
- 채 썬 채소를 각각 집어 라이스페이퍼에 올려 말아도 되지만, 한 번에 섞은 뒤 그대로 집어 라이스페이퍼에 말면 시간을 훨씬 단축할 수 있어요.

가지 덮밥

재료

가지 120g
돼지고기 다짐육 80g
마늘 3쪽
요리유 5스푼
쪽파 약간

소스

두반장 0.5스푼
굴소스 1스푼

만드는 법

1. 가지는 한입 크기로 어슷 썰고, 쪽파는 송송 썰고, 마늘은 잘게 다진다.
2. 팬에 요리유를 두르고 마늘을 볶아서 향을 낸 다음, 돼지고기 다짐육을 넣어 볶는다.
3. 다짐육이 어느 정도 익으면 가지를 넣고 강불에서 볶는다.
4. 가지가 노릇해질 때쯤 소스 재료를 넣고 휘리릭 볶는다. 밥 위에 가지 볶음을 얹고 부추를 뿌리면 완성이다.

Tip.
- 요리유에 마늘을 볶아 향을 낼 때는 약불에서 해 주고, 다짐육을 넣어 볶을 때는 중약불로 조절해 주세요.
- 두반장은 짠맛이 강해요. 굴소스를 먼저 넣은 뒤, 기호에 따라 두반장의 양을 조절하세요.

무생채 덮밥

재료

무 350g
대파 15g

생채 양념

고춧가루 3스푼
멸치액젓 2스푼
맛소금 0.5스푼
식초 1.5스푼
설탕 2스푼
다진 마늘 2스푼

양념

참기름 2스푼
깨 약간

만드는 법

1. 무는 깨끗이 씻어서 채칼로 껍질을 벗긴 뒤, 가늘게 채 썬다. 대파도 잘게 채 썬다.
2. 볼에 무와 대파를 담고 생채 양념 재료를 모두 넣어서 잘 버무린다.
3. 마지막으로 깨를 넣어서 마무리한다. 도시락에 밥을 적당히 담고 무생채를 올린 뒤 참기름을 두르면 완성이다.

Tip.
- 계란을 프라이해서 무생채 위에 얹으면 더욱 맛있게 먹을 수 있어요.
- 무 껍질에는 비타민 C와 식이섬유, 칼륨이 풍부해요. 잘 씻은 뒤 껍질을 벗기지 않고 사용해도 좋아요.

간장 무조림

재료

무 560g
대파 40g
생강 10g
청양고추 2개
코인 육수 1개
물 적당량

간장 양념

간장 6스푼
설탕 2.5스푼
올리고당 1스푼
미림 3스푼

만드는 법

1. 무 껍질을 벗긴 뒤 1.5cm 두께의 반달 모양으로 썬다.
2. 압력솥에 무를 깔아 준 다음, 청양고추, 생강, 대파를 통으로 넣는다.
3. 재료가 잠길 정도로 물을 자박하게 붓고, 준비한 간장 양념 재료를 모두 넣어서 끓인다.
4. 강불에 10분간 끓인 뒤, 압력솥을 열고 중불로 5분간 끓여 주면 완성이다.

Tip.
- 코인 육수와 물 대신 멸치 육수를 사용해도 좋아요.
- 강불에서만 졸일 경우 국물이 졸아들어서 바닥이 탈 수 있어요.
- 국물이 졸아들었을 경우 물을 추가해 주고 기호에 맞게 간을 더하세요.
- 압력솥이 없을 경우, 일반 냄비로 무조림을 만들 수 있어요. 강불에 뚜껑을 닫고 15분간 끓인 뒤, 뚜껑을 열고 중약불로 10분간 끓이세요.

크래미 밥샌드위치

재료

밥 3주걱
크래미 72g
오이 125g
검은깨·김 약간

크래미 양념

마요네즈 5스푼
설탕 2꼬집

밥 밑간

참기름 3스푼
맛소금 4꼬집

만드는 법

1. 크래미는 잘게 찢어 준 다음, 크래미 양념 재료를 넣어서 버무린다.
2. 오이는 통으로 얇게 썰어 준비한다.
3. 밥에 밑간 재료를 넣어서 버무린다.
4. 도시락통에 랩을 깔고 밥, 오이, 크래미, 밥, 검은깨 순서대로 올린다.
5. 이대로 수저로 떠 먹어도 되지만, 좀 더 모양을 내고 싶다면 칼로 먹기 좋게 살살 자른 다음, 김을 잘라 붙인다.

Tip.
- 크래미에 마요네즈를 넣을 때 취향껏 와사비를 추가해도 맛있어요.
- 랩은 용기에서 꺼낼 때 수월하게 모양을 잡아 주기 위해 사용해요.
- 밥을 샌드위치처럼 덮는 형태로 만들기 때문에 밥 분량이 좀 더 많은 편이에요. 자신의 양에 따라 밥 분량을 적당히 조절하세요.

토마토 카레

재료

방울토마토 200g
소고기 다짐육 200g
양파 100g
물 2컵 반
고형 카레 2조각

양념

요리유 4스푼
후추 약간

만드는 법

1 방울토마토는 반으로 자르고, 양파는 다진다.
2 팬에 요리유를 두르고 중불에서 다진 양파를 넣어 볶는다.
3 양파가 투명해지면 소고기 다짐육을 넣어서 같이 볶는다.
4 소고기가 어느 정도 익으면 방울토마토를 넣고, 기호에 맞춰 후추를 뿌린 뒤 볶는다.
5 물과 고형 카레를 넣고 중약불에서 보글보글 끓이면 완성이다.

Tip. • 도시락을 먹기 직전, 카레 위에 체다치즈를 얹으면 더 맛있게 먹을 수 있어요.

차돌박이
팽이버섯말이

재료

차돌박이 150g
팽이버섯 150g

양념

시판 스위트 칠리소스 3스푼
소금·후추 약간

만드는 법

1. 차돌박이를 넓게 펴고 그 위에 팽이버섯을 올린 뒤 돌돌 말아 준다.
2. 팬에 기름을 두르지 않고, 중강불에서 차돌박이를 올린다. 소금과 후추를 뿌려 간한다.
3. 차돌박이가 노릇하게 익으면, 도시락에 담고 스위트 칠리소스를 뿌린다.

Tip.
- 팽이버섯은 밑동을 자르고 흐르는 물에 가볍게 흔들어 세척해 주세요.
- 허니머스타드나 스리라차 마요 소스 등 취향에 따라 좋아하는 소스를 활용하세요.

열무 참치 비빔밥

재료

밥 2주걱
열무김치 100g
참치 60g
계란 2개

양념

고추장 1스푼
들기름 2스푼
참기름 2스푼
깨 약간

만드는 법

1. 참치는 기름을 꾹 짜서 준비하고, 열무김치는 한입 크기로 자른다.
2. 팬에 들기름을 넣고 계란을 넣어 노릇하게 프라이한다.
3. 도시락통에 계란프라이를 깔고 밥을 담는다. 그 위에 참기름을 뿌리고 고추장을 얹는다.
4. 열무와 참치를 올리고 깨를 뿌리면 완성이다.

Tip. · 열무김치의 신맛이 강하다면 설탕을 추가해 주세요.

고추장 삼겹살

재료

삼겹살 270g
양파 50g
마늘 20쪽
깨 약간

소스

설탕 1스푼
고추장 1스푼
간장 2스푼
올리고당 1.5스푼
미림 1스푼
후추 약간

만드는 법

1. 양파는 채 썬 뒤 얼음물에 담가 아린 맛을 빼내고, 물기를 제거한다.
2. 마른 팬에 삼겹살을 앞뒤 노릇하게 굽는다.
3. 70% 정도 구워졌을 때 가위를 이용해 한입 크기로 자르고, 통마늘을 넣어서 같이 굽는다.
4. 소스 재료 중 설탕과 후추를 먼저 넣고 볶다가, 중강불에 나머지 소스 재료를 모두 넣고 볶으며 잘 익힌다.
5. 도시락통에 밥과 고추장 삼겹살을 담고 그 위에 채 썬 양파를 올린다. 깨를 솔솔 뿌리면 완성이다.

차돌박이 부추 덮밥

재료

차돌박이 150g
부추 25g

볶음 양념

간장 2스푼
쯔유 1스푼
미림 1스푼
설탕 0.3스푼
후추·깨 약간

만드는 법

1. 부추는 잘게 송송 다져서 준비한다.
2. 마른 팬에 차돌박이를 올리고 중강불에서 굽는다.
3. 고기의 붉은 기가 사라졌을 때 볶음 양념 재료를 모두 넣어서 빠르게 볶아 준다.
4. 도시락통에 밥을 담고 차돌박이와 생부추를 얹는다

Tip.
- 간장 소스를 곁들이면 더 맛있어요. 간장, 식초, 매실을 1.5:1:1 비율로 섞고, 다진 청양고추와 다진 양파를 잘 섞어 주세요.

브로콜리 새우 볶음

재료

브로콜리 130g
흰다리새우 170g
마늘 6쪽

양념

굵은소금 0.5스푼
요리유 4스푼
맛소금 1꼬집
굴소스 1스푼
물 1스푼
깨 약간

만드는 법

1. 끓는 물에 굵은소금과 브로콜리를 넣고 1분 정도 데친다.
2. 마늘은 편으로 썰어서 준비한다.
3. 팬에 요리유를 두르고 편마늘을 넣은 다음, 약불에 볶아 향을 낸다.
4. 중강불로 바꾸고 새우를 넣어 같이 볶다가, 브로콜리와 맛소금을 넣어 한 번 더 볶는다.
5. 새우가 거의 익었을 때 굴소스와 물을 넣어 휘리릭 볶아 주고, 깨를 뿌려 마무리한다.

Tip. · 굴소스를 넣을 때 물을 같이 넣으면 간이 브로콜리 속까지 배어서 더 맛있어요.

초계 묵사발

재료

묵 300g
닭가슴살 170g
신김치 50g
오이 60g
시판 냉면 육수 1통
조미김 1통

양념

소금 0.5스푼
미림 2스푼
식초 1스푼
설탕 0.5스푼
깨 약간
연겨자 약간

만드는 법

1. 끓는 물에 닭가슴살, 소금, 미림을 넣고 중약불 상태에서 15분간 끓인다.
2. 닭가슴살이 익는 동안 묵을 길게 썰어 주고, 오이와 김치도 채 썰어서 준비한다.
3. 닭가슴살이 다 익으면 한 김 식힌 뒤 결대로 찢는다.
4. 도시락통에 손질한 재료를 모두 넣고, 조미김을 잘게 부숴 넣는다.
5. 그 위에 설탕, 식초, 깨, 연겨자를 넣어서 마무리한다. 먹기 직전 냉면 육수를 붓고 잘 섞어서 먹는다.

Tip. • 찢은 닭가슴살과 채 썬 오이를 설탕, 식초, 연겨자를 섞은 소스에 넣고 잘 버무려서 올려도 좋아요.

콩나물버섯밥

재료

불린 쌀 155g
콩나물 70g
표고버섯 2개
물 1컵 반
부추 10g
청양고추 1개
홍고추 1개

양념장

간장 2.5스푼
설탕 0.5스푼
들기름 1스푼
다진 마늘 0.5스푼
깨 0.5스푼

만드는 법

1. 표고버섯은 너무 얇지 않게 편으로 썰고, 콩나물은 잘 씻어서 준비한다.
2. 전자레인지 용기에 불린 쌀을 넣고, 그 위에 표고버섯과 콩나물을 올린다. 그다음 물을 붓고 전자레인지에 7분간 돌린 뒤 3분간 뜸을 들인다.
3. 청양고추와 홍고추, 부추는 잘게 다진다.
4. 다진 채소에 양념장 재료를 모두 넣어서 잘 섞어 준다.
5. 도시락통에 콩나물버섯밥을 담고 양념장을 올리면 완성이다.

Tip.
- 쌀은 2~3시간 이상 불려야 하니, 전날 밤에 미리 담가 두세요.
- 전자레인지 출력에 따라 다소 시간 차이가 있을 수 있으니, 7분 정도 먼저 돌려 주세요. 콩나물밥이 어느 정도 익었는지 확인한 후 1~2분을 추가로 돌리면 돼요.

참치 새싹 덮밥

재료

참치 85g
새싹채소 20g
어린잎 채소 10g
참기름 2스푼

초고추장 양념

고추장 1스푼
매실 1스푼
설탕 0.5스푼
식초 2스푼
다진 마늘 1스푼
깨 적당량

만드는 법

1. 참치는 기름을 꾹 짜서 준비한다.
2. 새싹채소와 어린잎 채소는 흐르는 물에 가볍게 씻은 뒤 물기를 빼낸다.
3. 볼에 초고추장 양념 재료를 모두 넣어 잘 섞어 준다.
4. 도시락에 밥을 담고 참기름을 두른 뒤, 초고추장을 적당히 올린다.
5. 그 위에 손질한 새싹채소와 어린잎 채소, 참치를 담아 주면 완성이다.

PART 2

한 가지 재료로 일주일 간편 도시락

두부 강정

재료

단단한 부침두부 300g
전분가루·요리유 적당량

양념장

고추장 0.5스푼
간장 4스푼
케첩 3스푼
설탕 1스푼
올리고당 1.5스푼
물 4스푼
다진 마늘 1스푼

만드는 법

1 두부는 키친타월로 물기를 제거한 뒤, 큐브 모양으로 깍둑 썬다.
2 볼에 준비한 양념장 재료를 모두 넣어 잘 섞어 준다.
3 비닐봉지에 전분가루와 두부를 넣고 골고루 섞이도록 흔든다.
4 프라이팬에 요리유를 넉넉히 두르고 두부를 노릇하게 굽는다.
5 다른 팬에 양념장 재료를 넣어서 부르르 끓인 뒤, 노릇하게 구운 두부를 넣어 빠르게 볶는다.

Tip. • 두부를 구울 때는 전분가루 때문에 두부가 달라붙을 수 있으니 간격을 두고 튀겨 주세요.

두부 유부 초밥

재료

밥 1/2주걱
단단한 부침두부 300g
당근 20g
유부 12장(140g)

양념

소금 1꼬집
유부 초밥 키트
(시판 유부에 들어 있는 소스와
조미볶음 각 1개)

만드는 법

1 두부는 칼등을 이용해 으깨고 당근은 잘게 다진다. 유부는 꾹 짜서 준비한다.
2 마른 팬에 으깬 두부와 다진 당근을 넣고, 소금을 뿌린 뒤 잘 볶는다.
3 볼에 밥과 볶은 두부를 넣고, 유부 초밥 키트 재료를 넣어 잘 섞어 준다.
4 유부 속에 양념한 밥을 넣어 모양을 잡아 주면 완성이다.

Tip.
- 세모 유부를 사용할 경우 세우기 쉽게 밑둥을 잘라서 사용하고, 잘라낸 유부 조각은 밥을 양념할 때 함께 넣도록 하세요.
- 유부를 짤 때 너무 꾹꾹 짜면 얇은 유부가 찢어질 수 있으니 주의하세요.

두부 스팸전

재료

단단한 부침두부 200g
스팸 200g

양념

전분가루·요리유 적당량
소금 약간

만드는 법

1. 두부와 스팸은 비슷한 크기로 편 썬다.
2. 자른 스팸은 뜨거운 물에 잠시 담가 불순물을 제거한 뒤 물기를 뺀다. 두부는 키친타월로 눌러 물기를 뺀 뒤 소금을 뿌려 둔다.
3. 두부와 스팸에 전분가루를 묻힌다. 두부, 스팸 순서로 층층이 쌓은 다음 편으로 썬다.
4. 팬에 요리유를 두르고 노릇하게 구우면 완성이다.

Tip. · 전분가루를 꼼꼼히 뿌리면 두부와 스팸이 잘 떨어지지 않아 쉽게 구울 수 있어요.

순두부 덮밥

재료

순두부 300g
계란 2개
요리유 약간

양념장

간장 3스푼
참기름 2스푼

만드는 법

1. 순두부가 으깨지지 않도록 너무 얇지 않게 썬다. 양념장 재료는 잘 섞어 준다.
2. 팬에 요리유를 두르고 계란프라이를 한다.
3. 도시락통에 계란프라이를 넣은 뒤, 밥과 순두부를 담고 양념장을 둘러 완성한다.

Tip. 냉장고 속 자투리 채소나 새싹채소, 청양고추를 다져서 함께 곁들여도 좋아요.

순두부 계란 덮밥

재료

순두부 350g
대파 30g
계란 3개

양념장
굴소스 1스푼
간장 1.5스푼

양념
들기름 2스푼
요리유 2스푼

만드는 법

1. 대파는 송송 썰고, 계란은 잘 풀어 계란물을 준비한다.
2. 양념장 재료는 잘 섞어 준다.
3. 팬에 요리유를 두르고 송송 썬 파를 볶아 파기름을 낸다.
4. 볶은 파 위에 순두부를 통으로 넣는다.
5. 그 위에 계란물을 붓고 순두부가 너무 으깨지지 않게 살살 볶는다.
6. 계란이 어느 정도 익으면 만들어 둔 양념장의 2/3와 들기름을 넣고 빠르게 볶는다. 도시락통에 밥과 순두부를 담고 남은 양념장을 뿌려 주면 완성이다.

Tip. • 순두부의 간수를 빼려면 순두부를 전자레인지로 1분간 돌리거나 껍질을 벗긴 순두부를 밀폐 용기에 1시간 동안 넣어 두세요.

돈가스롤

재료

돼지고기 등심 360g
(120g짜리 3덩이로 준비)
체다치즈 3장
계란 2개

양념

부침가루·빵가루·요리유
적당량
소금·후추 약간

만드는 법

1. 돼지고기 등심을 두드려서 얇게 편 다음, 소금과 후추를 뿌려 간한다.
2. 체다치즈를 돌돌 말아서 고기 위에 올린 뒤, 둥글게 말아 준다.
3. 계란은 풀어서 계란물을 만든다. 체다치즈로 돌돌 만 고기는 부침가루, 계란물, 빵가루 순으로 묻혀서 튀김옷을 입힌다.
4. 팬에 요리유를 붓고 노릇하게 튀겨 주면 완성이다.

Tip.
- 기름 온도가 너무 높으면 고기 속은 안 익고 겉만 탈 수 있으니 중강불에서 튀겨 주세요.
- 수제 돈가스를 만들 때 사이드로 같이 만들어 튀김옷을 입힌 상태로 냉동 보관하면, 먹고 싶을 때 바로 꺼내서 튀기기만 하면 돼요.

돈가스 계란말이

재료

돈가스 1장
계란 4개

양념

소금 1꼬집
참치액 1스푼
요리유 적당량

만드는 법

1. 돈가스에 요리유를 골고루 뿌린 다음, 에어프라이어에 넣고 200도에서 10분~15분간 굽는다.
2. 계란은 풀어서 소금과 참치액을 넣고 잘 섞어 준다.
3. 팬에 요리유를 두른 다음, 중약불에 계란물을 붓는다. 계란물이 반쯤 익었을 때 돈가스를 올리고 잘 말아 준다. 완성하면 한입 크기로 먹기 좋게 자른다.

Tip. · 계란말이를 예쁘게 말리면 코팅이 잘 되어 있는 팬을 사용하고, 중약불을 계속 유지해 주세요.

돈가스 김치 덮밥

재료

신김치 100g
돈가스 1장
계란 1개
양파 80g
대파 30g

양념

요리유 적당량
깨 약간

김치 소스

간장 1스푼
설탕 0.5스푼
참치액 1스푼
물 1컵

만드는 법

1. 신김치는 잘게 다지고, 양파는 채 썬다. 대파는 송송 썰어 준비한다. 계란은 잘 풀어서 계란물을 만들어 둔다.
2. 팬에 요리유를 넣고 돈가스를 노릇하게 튀긴 다음, 한입 크기로 자른다.
3. 팬에 요리유를 두르고 대파와 양파를 볶아 주다가, 신김치를 넣고 같이 볶는다.
4. 양파가 투명해지면 김치 소스 재료 중 간장과 설탕을 넣고 볶다가, 물과 참치액을 넣고 끓인다.
5. 한소끔 끓어오르면 계란물을 휘리릭 둘러 완성한다.

Tip. • 돈가스 위에 완성된 김치 소스를 올려서 먹으면 돼요. 취향에 따라 과정 5에서 돈가스를 넣은 뒤 계란을 풀어도 좋아요.

땅초 돈가스

재료

돈가스 1장
신김치 60g
청양고추 2개
계란 1개

양념

들기름 2스푼
설탕 약간
시판 돈가스 소스 적당량
요리유 적당량

만드는 법

1. 팬에 요리유를 넉넉히 넣고 돈가스를 튀긴다.
2. 신김치는 먹기 좋은 크기로 적당히 자른 다음, 들기름과 설탕을 넣어서 볶아 준다. 계란은 프라이한다.
3. 청양고추는 잘게 다져서 시판 돈가스 소스와 섞어 준다.
4. 도시락통 한쪽에 돈가스를 한입 크기로 잘라 담고 그 위에 청양고추 소스를 뿌린다. 다른 쪽에는 밥을 담고 그 위에 신김치 볶음과 계란프라이를 올리면 완성이다.

Tip.
- 나눔팬을 이용하면 시간을 단축할 수 있어서 효율적이에요.
- 시판 돈가스 소스는 취향에 따라 양을 조절하세요. 매운맛을 좋아한다면 돈가스 소스 양을 줄이고, 기호에 따라 마요네즈를 추가해도 좋아요.

치아바타
돈가스 샌드위치

PART 2.

05

재료

돈가스 1장
치즈 치아바타빵 1개
양배추 60g
요리유 적당량

소스

시판 돈가스 소스·시판 햄버거 소스 적당량

만드는 법

1. 양배추를 최대한 얇게 채 썬다.
2. 팬에 요리유를 적당히 두르고 돈가스를 튀긴다.
3. 치아바타를 반으로 가른 다음 돈가스 소스를 먼저 바르고 돈가스를 올린다.
4. 그 위에 양배추를 듬뿍 올리고 햄버거 소스를 뿌린 뒤 먹기 좋게 자른다.

Tip.
- 양배추는 최대한 얇게 채 썰어야 식감도 좋고 먹기도 편해요.
- 취향에 따라 치아바타 대신 좋아하는 빵을 활용하세요.
- 시판 햄버거 소스가 없을 경우, 마요네즈 1.5스푼, 홀그레인 머스타드 1스푼, 알룰로스 0.5스푼을 섞어서 바르면 잘 어울려요.

양배추 김밥

재료

양배추 80g
참치 85g
당근 100g
계란 2개
김 3장
깻잎 4장

양념

들기름 3스푼
다진 마늘 1스푼
소금·후추 약간
요리유 적당량

만드는 법

1 양배추는 채 썰고, 당근은 필러로 깎아서 준비한다. 참치는 기름을 꾹 짜 준다.
2 채 썬 양배추에 계란을 깨 넣고, 소금과 후추를 뿌린 뒤 잘 섞는다.
3 팬에 요리유를 두르고 중약불에서 양배추계란물을 반씩 넣어 지단을 2장 부친다.
4 지단이 완성되면 다시 팬에 요리유와 들기름을 두르고, 당근, 다진 마늘, 소금을 넣어 볶는다.
5 김의 거친 면을 위로 두고 반 장을 덧댄 뒤에 지단을 올린다. 그 위에 깻잎을 깔고, 볶은 당근과 참치를 넣은 뒤 말아 주면 완성이다. 같은 식으로 하나를 더 만다음, 한입 크기로 썰어 먹는다.

Tip.
- 김밥을 말 때는 당기듯 말아 줘야 풀리지 않고 단단히 말려요.
- 김 반 장을 덧대어 깔면 김밥이 터지는 것을 방지할 수 있어요.

양배추 만두

재료

양배추 350g
라이스페이퍼 10장
당근 60g
계란 3개

양념

굴소스 1스푼
후추 약간
요리유 적당량

만드는 법

1. 양배추와 당근은 채 썰어서 준비한다.
2. 팬에 요리유를 두르고 양배추와 당근을 넣어 볶는다.
3. 양배추와 당근이 어느 정도 익으면 계란을 깨서 넣고, 굴소스와 후추를 뿌린 뒤 스크램블 하듯 잘 섞어 준다.
4. 라이스페이퍼를 물에 적셨다가 편 다음, 3을 넣고 말아 준다.
5. 팬에 요리유를 두르고 노릇하게 구우면 완성이다.

Tip.

- 라이스페이퍼를 말 때 손이 빠른 분은 미지근한 물, 손이 느린 분은 찬물을 활용하세요. 딱딱한 라이스페이퍼를 미지근한 물에 넣으면 금방 흐물거리고 도마나 접시에 붙어 버리기 때문에 손이 느린 경우에는 찬물이 훨씬 더 편할 수 있어요.

양배추 삼겹살말이

재료

양배추 300g
대패삼겹살 200g
미림 3스푼

간장 소스

간장 2스푼
설탕 1스푼
식초 2스푼
물 2스푼
연겨자 약간

만드는 법

1. 양배추는 얇게 채 썬다.
2. 대패삼겹살을 펼치고 양배추 적당량을 올린 뒤 돌돌 말아 준다.
3. 전자레인지 용기에 대패삼겹살을 담고 미림을 골고루 뿌린다. 랩을 씌운 다음 구멍을 두세 군데 뚫어 주고, 전자레인지에 7분간 돌린다.
4. 소스 재료를 잘 섞어 간장 소스를 만들면 완성이다.

양배추 소시지빵

재료

버터롤 3개
양배추 50g
당근 15g
소시지 3개
치커리 10g
요리유 적당량

소스

케첩 1.5스푼
마요네즈 1.5스푼
설탕 3꼬집
파슬리 약간

만드는 법

1. 양배추와 당근은 최대한 얇게 채 썬다.
2. 소시지는 촘촘히 칼집을 낸 다음, 팬에 요리유를 살짝 두르고 굽는다.
3. 채 썬 양배추와 당근에 소스 재료를 모두 넣고 잘 섞어 준다.
4. 빵을 반으로 가른 다음, 양배추 당근 샐러드로 속을 채운다. 소시지와 치커리를 넣으면 완성이다.

Tip.
- 기호에 따라 머스터드, 케첩, 스리라차마요 등을 추가할 수 있어요.
- 치커리 대신에 오이를 넣어도 맛있어요.

치즈 양배추전

재료

양배추 200g
모차렐라치즈 50g
계란 2개

양념

부침가루 3스푼
요리유 적당량
후추·소금·파슬리가루
약간
시판 돈가스 소스·마요네즈
적당량

만드는 법

1. 양배추는 채 썰어서 준비한다.
2. 볼에 양배추, 부침가루, 계란, 소금, 후추를 넣고 잘 섞어 준다.
3. 팬에 요리유를 적당히 두르고 양배추 반죽을 넣어 두툼하게 부친다.
4. 노릇해지면 반대로 뒤집고 모차렐라치즈와 파슬리가루를 뿌린다.
5. 뚜껑을 덮은 뒤 치즈가 녹으면 완성이다. 돈가스 소스와 마요네즈를 취향껏 뿌린다.

Tip.
- 양배추전을 부칠 때 도시락 크기에 맞춰서 모양을 잡으면, 테두리를 잘라내지 않아도 되어 더 좋아요.
- 취향에 따라 가쓰오부시를 올려 먹어요.

데리야키
치킨 소보로 덮밥

재료

닭다리살 300g
부추 15g
생강 15g
계란 3개

양념

소금 1꼬집
후추·깨 약간
요리유 적당량

소스

간장 2.5스푼
설탕 1스푼
미림 4스푼

만드는 법

1. 부추는 송송 썰고, 생강은 채 썬다.
2. 볼에 생강채와 소스 재료를 모두 담고 잘 섞어 준다.
3. 볼에 계란을 깨 넣고 소금을 뿌린다. 팬에 요리유를 두르고 계란물을 부어서 스크램블한다. 완성된 스크램블은 그릇에 담아 둔다.
4. 팬에 요리유를 두르고 후추를 골고루 뿌려 가며 닭다리살을 굽는다.
5. 닭다리살이 노릇해지면 한입 크기로 자르고, 준비한 소스를 부어서 국물이 자작할 정도로 졸인다.
6. 도시락통에 밥을 담고, 그 위에 닭다리살, 부추, 계란 스크램블을 차례로 올려 완성한다.

Tip.
- 닭고기를 구울 때는 중강불에 닭다리살 껍질이 아래로 향하게 두고 구워요. 뚜껑을 덮어서 2~3분 정도 익혀 주면 시간을 단축할 수 있어요.
- 졸이고 남은 소스를 밥 위에 2스푼 정도 뿌려 주면, 밥에 간이 배어 더 맛있게 먹을 수 있어요.

닭불고기

재료

닭다리살 350g
떡볶이떡 150g
청양고추 1개
요리유 2스푼

양념장

고춧가루 1스푼
다진 마늘 2스푼
진간장 2스푼
굴소스 1스푼
설탕 3스푼
올리고당 4스푼
미림 2스푼
치킨스톡 0.3스푼
후추 1스푼
생강가루 1스푼
물 2스푼

만드는 법

1. 볼에 양념장 재료를 모두 담고 잘 섞어 둔다. 청양고추는 잘게 다진다.
2. 팬에 요리유를 두르고 닭다리살의 껍질 부분을 아래로 향하게 올린 뒤 굽는다.
3. 노릇하게 익으면 먹기 좋은 크기로 자른 뒤, 떡과 청양고추를 넣어 휘리릭 볶는다.
4. 준비한 양념장을 넣고 국물이 졸아들 때까지 볶아 주면 완성이다.

Tip. · 처음부터 양념을 다 붓지 말고, 반 정도만 먼저 넣고 볶으세요. 기호에 따라 남은 양념을 추가하세요.

고추 바삭 치킨

재료

닭다리살 350g
청양고추 1개
요리유 적당량

튀김옷 양념

맛소금 3꼬집
다진 마늘 1.5스푼
고춧가루 1스푼
카레가루 1.5스푼
튀김가루 3스푼
빵가루 3스푼
파슬리가루 1스푼
후추 적당량

소스

마요네즈 2스푼
스리라차소스 1스푼
알룰로스 1스푼

만드는 법

1 청양고추는 잘 다진다. 비닐봉지에 닭다리살을 넣고 가위를 이용해 적당한 크기로 자른다.
2 비닐봉지에 다진 청양고추와 튀김옷 양념 재료를 모두 넣는다.
3 양념이 잘 섞이도록 흔든다. 빵가루가 잘 묻히도록 비닐을 꾹꾹 눌러 가면서 흔들어 준다.
4 트레이에 닭고기를 담고, 요리유를 넉넉히 뿌린다. 에어프라이어에 넣고 210도에서 10분, 뒤집어서 10분간 굽는다.
5 소스 재료를 섞어서 곁들이는 소스를 완성한다.

Tip. • 오븐에서 익힐 경우, 에어프라이어와 동일한 온도와 시간으로 익히면 돼요. 굽네치킨 맛을 따라 하는 메뉴라 오븐이나 에어프라이어를 추천하지만, 가스레인지에서 익힐 경우 요리유를 넉넉히 두르고 중강불에서 튀기세요.

닭봉 조림

재료

닭윙&닭봉 1팩(350g)
튀김가루 3스푼
전분가루 2스푼
요리유 적당량

고기 밑간

간장 1.5스푼
갈릭파우더 1스푼
후추 0.3스푼
치킨파우더 2스푼
전분가루 2스푼

간장 양념

간장 3스푼
굴소스 0.5스푼
미림 2스푼
올리고당 5스푼
다진 마늘 0.5스푼
갈릭파우더 0.5스푼
물 3스푼

만드는 법

1. 닭봉과 닭윙은 비스듬이 칼집을 내어 준비한다.
2. 비닐봉지에 닭고기와 밑간 재료를 모두 넣은 뒤 잘 섞이도록 흔들어 준다.
3. 트레이에 닭고기를 담고 요리유를 뿌린 뒤, 에어프라이어로 200도에서 15분간 돌려 준다.
4. 구워지는 동안, 팬에 간장 양념 재료를 모두 넣고 부르르 끓인 뒤 적당히 졸인다.
5. 잘 구워진 닭봉과 닭윙에 양념을 바르면 완성이다.

Tip. 취향에 따라 닭윙과 닭봉 대신 다른 부위를 이용해서 만들어도 맛있어요. 그 경우에도 동일한 방식으로 조리하면 돼요.

버터 치킨 카레

재료

닭다리살 350g
고형 카레 2조각
양파 150g
무염버터 30g
우유 3컵 반

양념

토마토소스 2스푼
고춧가루 0.5스푼
다진 마늘 1.5스푼
다진 생강 0.7스푼
소금 3꼬집
후추 적당량
요리유 적당량

만드는 법

1. 양파는 채 썬다.
2. 팬에 요리유를 두르고 닭다리살을 굽는다. 소금, 후추로 간을 하고 노릇하게 굽다가 먹기 좋은 크기로 잘라 준다.
3. 닭다리살에 다진 마늘과 다진 생강을 넣어서 같이 볶다가 양파와 무염버터를 넣고 다시 한번 볶는다.
4. 양파가 투명해질 정도로 볶아졌으면 우유를 붓는다. 그다음 고형 카레와 나머지 양념 재료를 넣어서 끓여 주면 완성이다.

감자 뇨키

재료

감자 320g
양송이버섯 130g
양파 110g
버터 25g
소금·후추 약간

반죽

계란 1개
감자전분 5스푼
버터 5g
소금 4꼬집
파슬리가루 적당량

크림 소스

생크림 1컵 반
우유 1컵
체다치즈 1장
소금 4꼬집

만드는 법

1. 감자는 적당한 크기로 툭툭 썬 다음, 전자레인지 용기에 담아 10분간 돌려서 익힌다. 양파는 다지고, 양송이버섯은 2~4등분해서 준비한다.
2. 잘 익은 감자에 반죽 재료를 모두 넣고 잘 으깨며 섞는다. 감자 반죽이 되직해지면 손으로 동그랗고 길쭉한 모양을 만들어 준다.
3. 감자 반죽을 편으로 자른 다음, 포크로 찍어서 모양을 낸다.
4. 팬에 버터 25g을 넣어 주고 감자 뇨키를 노릇하게 굽는다.
5. 사용하던 팬에 다진 양파와 양송이버섯을 넣고 볶다가 소금과 후추를 뿌려 간한다.
6. 5에 소스 재료를 모두 넣고 살짝 졸인 다음, 도시락 통에 담는다.

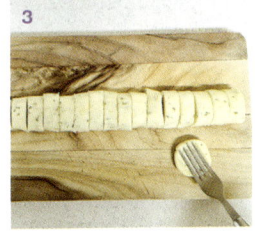

Tip.
- 감자 반죽을 만들 때 되직하지 않다면 전분을 추가해 농도를 조절하세요.
- 크림소스에 소금 대신 굴소스를 넣어 주면 감칠맛이 있어 좋아요.

감자 베이컨말이

재료

감자 320g
베이컨 140g

양념

요리유 3스푼
소금·후추·파슬리가루
약간

만드는 법

1 전자레인지 용기에 감자를 넣고 2분간 돌려서 살짝 쪄 준다.

2 웨지 감자 모양으로 되도록 적당한 크기로 썬 다음, 그 위에 요리유를 두른다. 소금과 후추를 취향껏 뿌려 간하고, 파슬리가루도 골고루 뿌린다.

3 베이컨으로 감자를 돌돌 만다. 에어프라이어로 210도에서 15분 구워 주면 완성이다.

Tip.
- 오븐을 사용할 경우, 에어프라이어와 동일한 시간과 온도에서 익히면 돼요. 가스레인지에서 익힐 때는 시간 단축을 위해 전자레인지에서 5분간 찐 다음 팬에 요리유를 자박하게 넣어 튀겨 주세요.

감자채전

재료

감자 320g

양념

감자전분 3스푼
요리유 6스푼
소금 4꼬집
후추 약간

만드는 법

1. 감자는 얇게 채 썰어서 준비한다.
2. 감자에 감자전분, 소금, 후추를 넣고 잘 섞는다.
3. 팬에 요리유를 두르고 감자채 반죽을 넓적하게 펴서 부친다. 앞뒤 노릇하게 익으면 먹기 좋은 크기로 잘라 완성한다.

Tip.

- 기호에 따라 파마산치즈를 추가해 주세요.
- 감자채전 위에 뿌려 먹기 좋은 양파 소스 레시피

    재료 양파 50g, 청양고추 1개

    양념 간장 3스푼, 식초 1스푼, 설탕 0.5스푼, 고춧가루 3꼬집, 깨 3꼬집

    양파를 잘게 다지고 청양고추는 송송 썬 다음, 양념 재료를 모두 넣어 잘 섞어 주세요.

감자 치즈 크로켓

재료

감자 480g
모차렐라치즈 50g
김 1장
계란 2개

양념

부침가루·빵가루·요리유
적당량

속재료 양념

우유 1스푼
소금 5꼬집
후추 약간

만드는 법

1. 감자를 적당한 크기로 툭툭 썬 다음, 전자레인지 용기에 담아 10분간 돌린다. 계란은 잘 풀어서 계란물을 만들어 둔다.
2. 잘 익은 감자에 속재료 양념을 넣고 으깬다.
3. 으깬 감자를 손가락 길이 크기로 동그랗게 편 다음, 그 위에 모차렐라치즈를 올리고 동글 넓적하게 빚는다.
4. 김을 길게 잘라서 크로켓에 띠처럼 두른 뒤, 부침가루, 계란물, 빵가루 순서대로 묻혀서 튀김옷을 입힌다.
5. 팬에 요리유를 넉넉히 두르고 중강불에서 앞뒤 노릇하게 굽는다.

Tip.
- 감자 속 치즈만 녹으면 되므로, 오래 튀겨 줄 필요 없이 앞뒤가 노릇해지면 꺼내 주세요.
- 전자레인지에 감자를 찔 때는 물 1스푼 정도를 넣고 돌려 주세요.

꽈리고추 감자 조림

재료

감자 320g
꽈리고추 50g
양파 80g

양념장

간장 5스푼
설탕 1스푼
올리고당 1스푼
미림 2스푼
물 5스푼
다진 마늘 1스푼

양념

요리유 2스푼
깨 1스푼
참기름 1.5스푼

만드는 법

1. 감자와 양파는 깍둑 썰고, 꽈리고추는 반으로 잘라서 준비한다.
2. 볼에 양념장 재료를 넣고 잘 섞는다.
3. 팬에 요리유를 두르고 감자와 양파를 볶다가 양념장을 넣고, 뚜껑을 덮어서 졸인다.
4. 국물이 자박하게 남았을 때 꽈리고추, 참기름, 깨를 넣고 휘리릭 볶아낸다.

1

3

4

PART 3

언제 어디서나 활용성 좋은 주먹밥, 김밥, 샌드위치

꼬마 스팸 계란 김밥

재료

밥 2주걱
김 2장
계란 3개
스팸 150g
김밥용 단무지 3줄
당근 50g

양념

다진 마늘 0.3스푼
소금 4꼬집
미림 1스푼
들기름 2스푼
요리유 적당량

밥 밑간

소금 4꼬집
참기름 3스푼
깨 0.5스푼

만드는 법

1 계란을 모두 깬 다음, 소금 1꼬집과 미림을 넣어서 잘 풀어 준다.
2 채칼로 당근을 슥슥 밀어 준다. 스팸과 단무지는 비슷한 크기로 썰어서 준비한다.
3 용기에 밥을 담고 밑간 양념을 넣어 골고루 섞어 준다.
4 팬에 요리유를 두르고 스팸과 당근을 각각 굽는다. 당근은 들기름, 다진 마늘, 소금 3꼬집을 넣어서 볶는다.
5 김 2장을 반씩 자른 다음, 밑간한 밥을 넓적하게 펴 준다. 그 위에 당근, 스팸, 단무지를 넣고 돌돌 만다.
6 팬에 요리유를 두르고 계란물을 붓는다. 계란이 어느 정도 익으면 그 위에 김밥을 올려서 말아 준다. 같은 과정을 한 번 더 반복한 뒤, 한입 크기로 자른다.

Tip. • 스팸은 뜨거운 물에 살짝 데쳐서 불순물을 제거한 뒤 사용하세요.

PART 3.

02

토핑 유부 초밥

재료

밥 2주걱
소고기 다짐육 100g
참치 50g
계란 2개
새우 45g

양념

유부 초밥 키트
(시판 유부에 들어 있는
소스와 조미볶음 각 1개)
버터 10g
마요네즈 1.5스푼
소금·후추 적당량
요리유 적당량

고기 밑간

간장 1스푼
설탕 0.5스푼
다진 마늘 0.2스푼
참기름 1스푼
후추 1꼬집

만드는 법

1 소고기에 고기 밑간 재료를 모두 넣어서 재운다.
2 참치는 기름을 짠 뒤, 마요네즈를 넣어 버무린다.
3 계란은 깨뜨려 볼에 담고 소금 1꼬집을 넣어 잘 풀어 준다.
4 팬에 버터를 두르고 계란물을 부어 스크램블한다. 다른 팬에는 요리유를 두른 뒤 양념한 다짐육을 볶고, 새우는 소금과 후추를 1꼬집 정도 뿌려서 굽는다.
5 유부를 꾹 짜서 준비한다. 볼에 밥을 담은 뒤, 유부 초밥 키트 재료를 넣어서 잘 섞어 준다.
6 유부 초밥 위에 2와 4에서 준비한 각 토핑을 올려 주면 완성이다.

Tip. • 사각 유부 초밥 제품이 없을 경우, 삼각 유부 초밥 제품을 구매하여 세모 밑부분을 가로로 자르면 평평하게 세울 수 있어요. 자른 유부는 밥에 넣어 활용하세요.

베이컨 계란 김밥

재료

밥 2주걱
김 2장
베이컨 100g
계란 4개
단무지 3줄

양념

소금 2꼬집
마요네즈 4스푼
요리유 적당량

밥 밑간

소금 4꼬집
참기름 2스푼
깨 0.5스푼

만드는 법

1 베이컨과 단무지를 5~6cm 길이로 비슷하게 자른 뒤, 베이컨은 노릇하게 굽는다.
2 계란에 소금을 넣어서 잘 풀어 준다. 팬에 요리유를 두르고 지단을 여러 장 부친 뒤, 채 썰어서 준비한다.
3 밥에 밑간 재료를 모두 넣어 잘 섞어 준다.
4 김을 4cm 간격으로 모두 자른 뒤, 김의 2/3 넓이에 밥을 얹고 마요네즈를 뿌린다.
5 그 위에 베이컨 2~3장과 단무지, 채 썬 계란지단을 올린 뒤 잘 말아 준다.

Tip. • 완성된 김밥에 참기름을 슥슥 바르고 깨를 뿌리면 더 맛있어요.

두부 계란 김밥

재료

밥 1.6주걱
김 1장
두부 150g
계란 3개

양념

쯔유 5스푼
미림 1스푼
요리유 적당량

밥 밑간

소금 3꼬집
참기름 2스푼
깨 1스푼

만드는 법

1. 계란을 깬 다음, 쯔유 1스푼과 미림을 넣어 잘 저어 준다.
2. 팬에 요리유를 두른 뒤 계란물을 붓고 스크램블하듯이 저어 주다가 네모나게 모양을 잡은 뒤, 두툼하게 부친다.
3. 팬에 요리유를 두르고 두부를 노릇하게 굽는다. 두부가 반쯤 익었을 때 쯔유 4스푼을 넣어서 간이 잘 배도록 졸인다.
4. 볼에 밥을 담은 뒤 밑간 재료를 넣어서 잘 섞어 준다.
5. 익힌 계란과 구운 두부를 같은 크기로 잘라서 준비한다.
6. 김을 반으로 자른 뒤, 밥 → 두부 → 계란 → 밥 순서대로 쌓고 돌돌 만다. 한입 크기로 잘라 준다.

Tip.
- 스팸 틀을 이용하면 쉽고 이쁘게 만들 수 있어요.
- 잡곡밥으로 만들면 색감이 살아나서 더욱 먹음직스러워요.

진미채 김밥

재료

밥 1.6주걱
김 2장
진미채 100g
계란 6개
마요네즈 2스푼
소금 2꼬집
요리유 적당량

양념장

고춧가루 1스푼
고추장 1스푼
다진 마늘 1스푼
미림 3스푼
설탕 2스푼
올리고당 1.5스푼
물 5스푼

밥 밑간

소금 3꼬집
참기름 2스푼
깨 0.5스푼

만드는 법

1. 진미채는 가위로 먹기 좋은 크기로 자른 뒤, 마요네즈를 넣어서 섞어 준다.
2. 볼에 계란을 깨 넣은 다음 소금을 뿌려 잘 젓는다.
3. 팬에 양념장 재료를 모두 넣고 부르르 끓인다. 진미채에 완성된 양념을 조절해 가며 넣고 잘 섞어 준다.
4. 팬에 요리유를 두르고 계란물을 반만 부은 다음, 진미채를 올려서 돌돌 말아 준다. 같은 식으로 계란말이를 하나 더 만든다.
5. 진미채 계란말이가 한 김 식는 동안, 밥에 밑간 재료를 넣어서 잘 섞어 준다.
6. 김 위에 밥을 넓적하게 편 다음, 진미채 계란말이를 넣고 돌돌 만다. 같은 식으로 하나 더 돌돌 만 뒤, 한 입 크기로 자른다.

Tip.
- 진미채에 마요네즈를 넣으면 부드러워져요.
- 반찬으로 남은 진미채가 있을 경우 바로 활용하기 좋아요.

삼겹살 파김치 김밥

재료

밥 2주걱
김 2장
대패삼겹살 250g
파김치 100g

고기 밑간

소금 3꼬집
후추 2꼬집

밥 밑간

소금 4꼬집
참기름 3스푼
깨 0.5스푼

만드는 법

1. 대패삼겹살에 소금과 후추를 뿌린 뒤 마른 팬에 올려 노릇하게 굽는다.
2. 밥에 밑간 재료를 넣어 잘 버무린다.
3. 김 위에 밑간한 밥을 넓적하게 편다.
4. 밥 위에 잘 익은 파김치와 삼겹살을 올린 뒤 돌돌 만다. 같은 식으로 하나 더 돌돌 만 뒤, 한입 크기로 자른다.

Tip.
- 파김치 외에도 묵은지, 신김치, 갓김치 등 냉장고 속 김치를 다양하게 활용할 수 있어요.

당근 스팸 김밥

재료

밥 2주걱
김 2장
당근 200g
스팸 100g
요리유 적당량

당근 양념

다진 마늘 1스푼
들기름 2스푼
소금 4꼬집

밥 밑간

소금 4꼬집
참기름 3스푼
깨 0.5스푼

만드는 법

1. 스팸은 3cm 길이로 자른 뒤, 팬에 요리유를 두르고 노릇하게 굽는다.
2. 당근은 채 썬다. 팬에 요리유를 두르고 채 썬 당근과 양념 재료를 넣어 볶는다.
3. 밥에 밑간 재료를 넣어 잘 섞어 준다.
4. 김을 4cm 간격으로 모두 자른 뒤, 김의 2/3 지점까지 밥을 넓적하게 편다.
5. 밥 위에 스팸과 볶은 당근을 듬뿍 넣은 뒤 말아 주면 완성이다.

Tip.
- 당근을 채 썰 때 채칼을 이용하면 시간을 단축할 수 있어요.
- 무침이나 밑간을 할 때는 참기름 대신 들기름으로 대체 가능해요.

소시지 김밥

재료

밥 2주걱
김 2장
소시지 2개
계란 6개

양념

소금 2꼬집
요리유 적당량

밥 밑간

소금 4꼬집
참기름 3스푼
깨 0.5스푼

만드는 법

1. 볼에 계란을 깬 뒤 소금을 넣어 잘 저어 준다.
2. 팬에 요리유를 두르고 계란물을 반만 붓는다. 계란물이 반쯤 익으면 소시지를 올린 뒤 돌돌 말아 준다. 같은 식으로 계란말이를 하나 더 만든다.
3. 소시지 계란말이가 한 김 식는 동안, 밥에 밑간 재료를 모두 넣어 잘 버무린다.
4. 각각의 김에 밥을 넓적하게 편 뒤, 소시지 계란말이를 하나씩 넣고 돌돌 만다. 한입 크기로 잘라 준다.

Tip. • 소시지 계란말이를 동그란 모양으로 말기 위해서는 뜨거울 때 랩이나 김발로 돌돌 말아 주세요.

계란말이 김밥

재료

밥 1.2주걱
김 1.5장
스팸 100g
송송 썬 신김치 120g
계란 4개
소금 2꼬집
요리유 적당량

김치 양념

들기름 2스푼
설탕 0.5스푼
물 3스푼

밥 밑간

소금 3꼬집
참기름 2스푼
깨 0.5스푼

만드는 법

1. 스팸은 편으로 잘라서 노릇하게 굽고, 계란은 잘 풀어서 계란물을 만든 뒤 소금을 넣는다.
2. 팬에 요리유를 두른 뒤 신김치를 넣는다. 김치 양념 재료 중 들기름과 설탕을 먼저 넣고 볶다가 물을 넣고 자글자글 졸인다.
3. 볼에 밥을 담고 밑간 재료를 넣어 잘 섞어 준다.
4. 김 1장에 반 장을 덧대어 붙인 다음, 김의 절반이 넘지 않도록 밥을 편다. 그 위에 스팸과 볶음김치를 올리고 납작하게 말아 준다.
5. 김밥을 반으로 자른다. 팬에 계란물의 반을 붓고 그 위에 김밥을 올린다.
6. 계란말이하듯 김밥을 말아 준다. 같은 방식으로 하나 더 만든 다음, 먹기 좋은 크기로 자른다.

Tip. · 김치 신맛에 따라 설탕을 가감해 주세요.

회오리 김밥

재료

밥 2주걱
김 2장
밥에 싸먹는 햄 120g
계란 3개

양념

소금 1꼬집
요리유 적당량

밥 밑간

소금 4꼬집
참기름 3스푼
깨 0.5스푼

만드는 법

1. 계란은 깬 다음, 소금을 넣어 잘 저어 준다.
2. 팬에 요리유를 두르고 계란물을 반만 부어서 동그랗게 지단을 만든다.
3. 지단 위에 햄을 겹쳐 깔고 돌돌 말아 준다. 같은 식으로 계란말이를 하나 더 만든다.
4. 볼에 밥을 담고 밑간 재료를 넣어서 잘 섞는다.
5. 각각의 김에 밥을 전체적으로 넓적하게 펴고, 햄 계란말이를 하나씩 올려 만 뒤 한입 크기로 썬다.

Tip. • 밥에 싸 먹는 햄은 슬라이스햄으로 대체 가능해요.

햄버거 김밥

재료

밥 1.4주걱
김 2장
소시지 120g
당근 35g
단무지 30g
상추 3장

양념
요리유 적당량
소금 1꼬집

밥 밑간
소금 3꼬집
참기름 2큰술

만드는 법

1 소시지는 세로로 반을 자르고, 단무지와 당근은 비슷한 너비가 되도록 자른 다음 편으로 썬다. 상추도 소시지 너비와 비슷하게 잘라 준비한다.

2 팬에 요리유를 두른 뒤, 중약불에서 소시지와 당근을 각각 굽는다. 당근에는 소금 1꼬집을 뿌려 준다.

3 밥에 밑간 재료를 넣어 잘 버무린다.

4 김을 반으로 자른 다음, 소시지 → 당근 → 단무지 → 상추 → 소시지 순서로 넣어 돌돌 말아 준다.

5 나머지 김 반 장에 밑간한 밥을 넓적하게 펴며, 4의 김말이를 올려 다시 한번 만다. 같은 과정을 한 번 더 반복한 뒤, 한입 크기로 자른다.

Tip.
- 깨를 이용하여 햄버거 번 모양으로 꾸며도 좋아요.
- 소시지는 꼬다리 부분이 조금 튀어나와도 귀여우니, 제품 크기에 크게 신경 쓰지 않으셔도 돼요.

땡초 김밥

재료

밥 2주걱
김 2장
사각 어묵 1장
청양고추 5개
당근 35g

양념

참기름 2스푼
깨 0.5스푼
요리유 적당량

간장 양념

굴소스 1스푼
간장 1스푼
올리고당 1.5스푼
미림 3스푼

만드는 법

1. 청양고추는 고추씨를 제거하고 잘게 썬다. 어묵과 당근도 잘게 썰어서 준비한다.
2. 간장 양념 재료를 잘 섞어서 소스를 만든다.
3. 팬에 요리유를 두르고 잘게 썬 재료를 넣어 볶는다. 재료가 어느 정도 익으면 간장 소스를 넣고 졸인다.
4. 볼에 밥을 담은 뒤, 3의 재료와 참기름, 깨를 넣어 잘 섞는다.
5. 각각의 김 위에 양념된 밥을 올리고 돌돌 만 뒤, 한입 크기로 자른다.

Tip.
- 어묵과 채소를 잘게 썰 때 다지기를 이용하면 시간을 단축할 수 있어요.
- 완성된 김밥 위에 마요네즈를 얹고 청양고추로 장식하면, 맛과 모양이 더욱 살아나요.

PART 3.

13 멸치 주먹밥

재료

밥 2주걱
잔멸치 100g
견과류 30g
김자반 10g

양념

다진 마늘 0.5스푼
참기름 1스푼
요리유 적당량

볶음 양념

간장 2스푼
설탕 1스푼
미림 1스푼
올리고당 2스푼
들기름 1스푼
깨 0.5스푼

만드는 법

1. 멸치와 견과류를 각각 마른 팬에 볶는다.
2. 팬에 요리유를 두르고 다진 마늘을 볶다가 멸치를 넣고 같이 볶는다.
3. 불을 끄고 볶음 양념 중 간장, 설탕, 미림을 넣어서 함께 볶는다. 그다음 불을 켠 뒤 견과류를 넣고 같이 볶아 준다.
4. 다시 불을 끄고, 나머지 볶음 양념 재료를 모두 넣어 볶는다.
5. 볼에 밥을 담은 뒤 멸치 볶음을 적당히 넣는다. 김자반과 참기름을 넣고 잘 섞은 다음, 동글동글하게 빚어 준다.

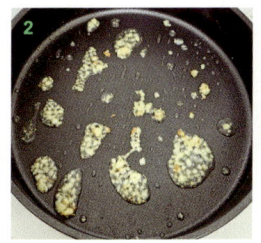

Tip.
- 멸치 볶음을 할 때는 불 조절을 잘해야 딱딱하게 굳지 않아요.
- 반찬으로 남은 멸치 볶음이 있을 때 활용하기 좋아요.
- 빈 물약통에 마요네즈를 소량 담으면, 김밥이나 주먹밥을 데코하기 좋아요.

베이컨
시금치 주먹밥

재료

밥 2주걱
김 1/2장
시금치 100g
베이컨 75g

양념

다진 마늘 0.5스푼
굴소스 1스푼
소금 3꼬집
참기름 2스푼
깨 0.5스푼
요리유 적당량

만드는 법

1. 시금치와 베이컨은 먹기 좋은 크기로 자른다. 김은 두툼한 띠 모양이 되도록 자른다.
2. 팬에 요리유를 두르고 중약불에 다진 마늘을 볶아 향을 낸다.
3. 그다음 베이컨을 넣고 볶다가 어느 정도 노릇해지면 시금치를 넣어서 같이 볶는다. 시금치의 숨이 죽으면 굴소스와 소금을 넣고 휘리릭 볶는다.
4. 볼에 밥을 담고 3의 볶은 재료와 참기름, 깨를 넣어 잘 섞어 준다.
5. 양념한 밥은 세모로 모양을 잡고 김으로 띠를 둘러 주면 완성이다.

Tip. • 랩에 감싸서 통에 담아 가면 먹을 때 더 편해요.

구운 소고기 주먹밥

재료

밥 1.7주걱
소고기 양지 60g
참기름 2스푼
깨 조금
요리유 적당량

고기 밑간

간장 1스푼
설탕 0.5스푼
다진 마늘 0.5스푼
참기름 1스푼
후추 3꼬집
깨 0.5스푼

간장 소스

간장 0.5스푼
설탕 0.2스푼
미림 0.5스푼

만드는 법

1. 소고기 양지를 잘게 썬 다음 고기 밑간 재료를 모두 넣어 버무린다.
2. 밥에 참기름과 깨를 넣어 잘 섞어 준다.
3. 팬에 요리유를 두르고 양념한 소고기를 볶는다.
4. 밥 안에 볶은 고기를 넣고 동글 납작하게 빚는다.
5. 마른 팬에 주먹밥을 올린다. 간장 소스 재료를 모두 섞은 뒤 주먹밥에 덧바르며 노릇하게 굽는다.

Tip. • 검은깨를 가운데 뿌려서 마무리하면 더 먹음직스러워요.

계란 폭탄 주먹밥

재료

밥 2주걱
김 1/2장
계란 3개
스팸 50g
김자반 10g
요리유 적당량

양념

소금 2꼬집
설탕 2꼬집
미림 1스푼

만드는 법

1. 계란을 깬 다음, 양념 재료를 모두 넣고 잘 섞어 준다. 팬에 요리유를 두르고 완반숙으로 스크램블한다.
2. 김은 두툼한 띠 모양이 되도록 잘라 준다.
3. 스팸은 깍둑 썬 뒤, 노릇하게 굽는다.
4. 밥에 김자반을 넣어 잘 섞는다. 밥 속에 스팸을 넣고, 삼각형이 되도록 모양을 잡아 준다.
5. 삼각 김밥에 김으로 띠를 두르고, 그 위에 스크램블을 얹어 마무리한다.

Tip. · 랩을 활용하면 모양을 쉽게 잡을 수 있어요.

떡갈비
고추장 주먹밥

재료

밥 2주걱
김 1장
떡갈비 6개(개당 50g)
시판 데리야키 소스 2스푼
요리유 적당량

밥 밑간

고추장 1스푼
설탕 5꼬집
참기름 2스푼
깨 0.5스푼

만드는 법

1. 팬에 요리유를 두르고 떡갈비를 올린다. 시판 데리야키 소스를 앞뒤로 발라 주며 노릇하게 굽는다.
2. 볼에 밥을 담고, 밥 밑간 재료를 모두 넣어 잘 섞어 준다.
3. 김은 두툼한 띠 모양이 되도록 잘라 준다.
4. 밥은 떡갈비와 비슷한 크기가 되도록 모양을 잡아 준다. 밥 위에 떡갈비를 올리고 김 띠를 두르면 완성이다.

Tip.

- 떡갈비는 시판 제품을 이용해도 되지만, 미리 만들어서 냉동 보관한 다음 필요할 때마다 활용하면 좋아요.
- 활용성이 좋은 만능 떡갈비 레시피

  재료 소고기 다짐육 200g, 돼지고기 다짐육 300g, 다진 대파 5스푼, 다진 마늘 2스푼

  양념 간장 4스푼, 설탕 2스푼, 미림 2스푼, 참기름 2스푼, 후추 2꼬집, 생강가루 2꼬집

  소고기, 돼지고기 다짐육에 다진 대파, 다진 마늘을 넣고, 준비한 양념을 모두 넣어서 잘 섞이도록 치대요. 1개당 50g 정도로 동글 납작하게 빚은 뒤, 종이 호일을 이용해 냉동 보관하세요.

새우튀김 삼각 김밥

재료

밥 2주걱
김 1/2장
새우 10마리(약 150g)
계란 1개
청양고추 1개

양념

버터 20g
소금 1꼬집
요리유 적당량
빵가루·부침가루 적당량
파슬리가루 조금

새우 양념

마요네즈 2스푼
간장 0.5스푼
설탕 3꼬집

밥 밑간

소금 4꼬집
참기름 3스푼

만드는 법

1. 새우 6마리는 등을 갈라서 펴 주고, 나머지 4마리는 다져서 준비한다. 김은 두툼한 띠 모양이 되도록 잘라 준다.
2. 계란에 소금을 넣고 잘 풀어 준다. 새우 6마리에 부침가루, 계란물, 빵가루 순으로 묻혀서 튀김옷을 입힌다.
3. 팬에 요리유를 넉넉히 두르고 새우 6마리를 튀긴다. 다진 새우는 버터에 볶아서 준비한다.
4. 볶은 새우에 청양고추를 다져 넣고, 새우 양념 재료를 모두 넣어 섞어 준다.
5. 볼에 밥을 담고 밑간 재료를 넣어 잘 섞는다. 밥 안에 4의 새우마요와 튀긴 새우 1개를 넣고 세모가 되도록 모양을 잡아 준다.
6. 삼각 김밥에 김 띠를 두른다. 같은 과정을 반복해 6개의 삼각 김밥을 만들면 완성이다.

오픈 샌드위치

PART 3.

재료

호밀빵 3조각
삶은 계란 3개(완숙)
삶은 계란 1개(완반숙)
사과 1/2개

양념

땅콩버터 2스푼
버터 30g

스프레드

마요네즈 3스푼
연유 1스푼
머스타드 0.5스푼
소금 3꼬집

만드는 법

1. 팬에 버터를 두르고 호밀빵을 앞뒤로 노릇하게 굽는다.
2. 완반숙 계란 1개는 슬라이스해서 준비한다. 완숙 계란 3개는 포크로 으깬 뒤, 스프레드 재료를 넣어 잘 섞어 준다.
3. 사과는 얇게 슬라이스한다.
4. 호밀빵에 땅콩버터를 바르고, 준비한 사과, 슬라이스한 계란, 계란 스프레드를 각각 올리면 완성이다.

Tip.
- 완반숙은 끓는 물에 8분, 완숙은 12분 정도 익혀요.
- 취향에 따라 후추와 파슬리가루를 뿌려 드세요.

삼색 샌드위치

재료

식빵 4장
삶은 계란 2개
슬라이스햄 5장
오이 80g

양념

마요네즈 3.5스푼
소금 4꼬집

계란 소스

마요네즈 0.5스푼
허니머스타드 1스푼
소금 1꼬집
후추 2꼬집

만드는 법

1. 오이는 씨를 제거하여 다진 뒤 소금을 넣어 절인다.
2. 오이가 절여지는 동안 슬라이스햄을 다진다. 삶은 계란은 노른자와 흰자를 분리한 뒤, 흰자는 칼로 다지고 노른자는 포크로 으깬다.
3. 오이는 짤주머니나 손으로 수분을 꾹 짠 뒤, 마요네즈 1.5스푼을 넣어 섞어 준다.
4. 슬라이스햄도 마요네즈 1.5스푼을 넣어 섞어 준다. 준비한 흰자와 노른자를 섞고, 계란 소스 재료를 모두 넣어 잘 섞어 준다.
5. 식빵 위에 오이, 햄, 계란 스프레드를 발라서 차곡차곡 쌓는다. 마지막 식빵에 남은 마요네즈를 바른 뒤 덮고 테두리를 잘라 담아 주면 완성이다.

Tip. 오이는 굵은소금으로 문질러 세척하고 오이 돌기 부분은 칼등으로 손질하여 사용하세요.

과일 샌드위치

재료

식빵 4장
귤 6개(작은 크기)
딸기 6개
생크림 250g

만드는 법

1 식빵에 생크림을 얹고, 딸기와 귤을 통으로 올린다. 그 위에 생크림을 덧바르고 식빵을 덮는다.

2 샌드위치를 랩으로 잘 감싸 준다.

3 반으로 자른 후 통에 담는다.

Tip.

- 핸드 믹서로 휘핑해서 생크림을 만들어도 되지만, 시중 제과점에서 파는 생크림이 조금 더 저렴해요.
- 구매한 생크림이 묽다면 핸드 믹서로 한 번 더 휘핑해 주세요.
- 키위, 샤인머스캣, 황도 등 좋아하는 과일을 추가해도 좋아요.
- 냉장고에 1시간 이상 두면 훨씬 더 수월하게 자를 수 있어요.

땅콩버터 토스트

재료

식빵 4장
바나나 1개

양념

땅콩버터 2스푼
딸기잼 2스푼
버터 40g

만드는 법

1. 바나나는 어슷 썬다.
2. 팬에 버터를 두르고 식빵을 앞뒤로 노릇하게 굽는다.
3. 구운 식빵 2장에 땅콩버터를 골고루 펴서 바른다.
4. 땅콩버터를 바른 식빵에는 바나나를 올린다. 다른 쪽 식빵 2장에는 딸기잼을 발라 덮은 뒤, 테두리를 잘라서 담으면 완성이다.

베이컨 치즈 토스트

재료

식빵 2장
베이컨 4장
삶은 계란 3개
모차렐라치즈 48g

양념

버터 40g
설탕 1스푼

스프레드 재료

소금 3꼬집
후추 1꼬집
마요네즈 1스푼
머스타드 0.5스푼

만드는 법

1. 삶은 계란을 으깬 뒤, 스프레드 재료를 넣어 잘 섞는다.
2. 팬에 버터를 두르고 식빵을 앞뒤로 노릇하게 구운 뒤, 설탕을 펴 바른다. 다른 팬에는 베이컨을 노릇하게 굽는다.
3. 식빵 위에 모차렐라치즈 반을 깔고, 그 위에 베이컨과 계란 스프레드를 올린다.
4. 그다음, 모차렐라치즈 반을 더 올린 뒤, 다른 구운 식빵으로 덮는다. 원하는 크기로 잘라서 도시락에 담아 주면 완성이다.

Tip.
- 지퍼백에 삶은 계란과 스프레드 재료를 한 번에 담아 으깬 뒤, 모서리 부분을 가위로 잘라 사용하면 간편해요.
- 중약불로 구워 주세요. 모차렐라치즈가 안 녹을 경우에는 전자레인지로 30초 돌려 주세요.
- 슬라이스 형태로 된 모차렐라치즈의 경우 2장을 사용하세요.

대파 토스트

재료

통식빵 1/3개
대파 30g

스프레드 재료

모차렐라치즈 50g
버터 45g
마요네즈 1스푼
설탕 1스푼
파슬리가루 1스푼

만드는 법

1. 통식빵을 도시락 크기에 맞춰 자른 다음, 큐브 모양으로 칼집을 넣는다.
2. 대파를 잘게 다져서 볼에 담고, 스프레드 재료를 모두 넣어 잘 섞어 준다.
3. 큐브 모양으로 자른 통식빵 사이사이에 대파 스프레드를 꼼꼼히 바른다.
4. 에어프라이어나 오븐에서 180도로 15분간 노릇하게 구워 주면 완성이다.

Tip.
- 상온에 보관한 버터가 아닐 경우, 전자레인지에 20초간 돌려서 사용하세요.

몬테크리스토 샌드위치

재료

식빵 3장
슬라이스햄 6장
체다치즈 2장

양념

딸기잼 1스푼
소금 2꼬집
우유 3스푼
계란 2개
버터 20g

만드는 법

1. 식빵에 딸기잼을 바른 뒤, 햄 3장과 치즈 1장을 올린다. 그 위에 다시 한번 딸기잼을 바른 식빵을 얹고 햄 3장과 치즈 1장을 다시 올린다.
2. 딸기잼을 바른 식빵으로 뚜껑을 덮은 다음, 테두리를 잘라 낸다.
3. 계란을 깨뜨린 뒤 소금과 우유를 섞어서 계란물을 만들어 준다. 준비한 식빵에 계란물을 묻힌다.
4. 팬에 버터를 두르고 식빵을 앞뒤 노릇하게 구워 주면 완성이다. 먹기 좋은 크기로 자른다.

Tip. • 시간을 두고 도시락으로 먹을 경우에는 빵가루를 묻히면 금방 눅눅해지니 계란물만 사용하는 것이 좋아요. 바로 만들어 먹을 경우에는 빵가루를 묻히면 바삭하게 먹을 수 있어요.

PART 4

기분 내기 좋은 스페셜 도시락

유린기

재료

닭다리살 200g
양상추 100g
홍고추 2개
청양고추 1개
대파 흰 부분 20g
양파 30g
깨 조금
요리유 적당량

반죽 양념

소금 3꼬집
후추 2꼬집
전분가루 2스푼
물 4스푼
생강가루 2꼬집
카레가루 3꼬집

소스

간장 3스푼
식초 3스푼
물 3스푼
설탕 2스푼
치킨스톡 0.2스푼
레몬즙 1스푼

만드는 법

1. 양상추는 잘 씻어서 먹기 좋은 크기로 찢어 주고, 양파와 대파 흰 부분은 잘게 다진다. 청양고추와 홍고추는 송송 썬다.
2. 닭다리살에 반죽 양념의 소금과 후추를 뿌려 밑간한 다음, 나머지 반죽 양념 재료를 모두 넣어서 반죽한다.
3. 볼에 소스 재료를 모두 담고, 1에서 준비한 다진 채소를 넣어 섞는다.
4. 팬에 요리유를 두르고 닭다리살을 노릇하게 굽는다.
5. 도시락통 아래에 버무린 채소를 깐 다음, 구운 닭다리살을 한입 크기로 잘라 담고 남은 소스를 얹는다.

Tip.
- 신선한 닭으로 만들 경우 생강가루와 카레가루를 빼고 소금, 후추만 사용해도 좋아요.
- 양상추를 손질할 때는 칼을 사용하면 금방 갈변되니 손으로 찢어 주세요.

와사비 계란 샌드위치

재료

식빵 4장
계란 6개
빵가루·부침가루·요리유 적당량

계란물 양념

쯔유 1스푼
소금 4꼬집
설탕 1.5스푼
미림 1스푼
우유 5스푼

소스

마요네즈 3스푼
와사비 1티스푼
연유 0.5스푼

만드는 법

1 계란을 모두 깬 다음, 계란물 양념 재료를 넣어 잘 섞어 준다.
2 팬에 계란물을 붓고 두툼하게 계란말이를 한다. 이때 튀김옷을 입힐 계란물을 조금 남겨 둔다.
3 완성된 계란말이를 반으로 잘라서 부침가루, 계란물, 빵가루 순서로 옷을 입힌 뒤 노릇하게 튀긴다.
4 식빵의 테두리를 자른 다음, 소스 재료를 섞어서 식빵에 발라 준다.
5 소스 바른 식빵에 계란말이 튀김을 각각 넣고 먹기 좋게 잘라 주면 완성이다.

Tip. • 와사비는 취향에 따라 가감하세요.

닭다리살 대파 덮밥

재료

닭다리살 350g
대파 150g
계란 1개

양념

간장 2스푼
미림 3스푼
설탕 0.5스푼
올리고당 0.5스푼
후추 2꼬집

만드는 법

1 양념 재료 중 간장, 미림, 설탕을 섞어서 소스를 만든다.
2 마른 팬에 닭다리살을 노릇하게 굽는다.
3 닭다리살이 80% 정도 익으면, 대파를 한입 크기로 잘라서 같이 굽는다.
4 닭다리살이 거의 다 익으면 대파와 비슷한 크기로 잘라 준다.
5 잘 구워진 대파를 먼저 꺼낸다. 닭다리살에 소스를 붓고 올리고당과 후추를 넣어 졸여 주면 완성이다.
6 도시락에 대파와 닭다리살을 담고, 계란 노른자를 올려 먹는다.

Tip. • 닭다리살을 구울 때는 닭껍질을 아래로 향하게 구워야 기름을 두르지 않고도 노릇하게 구울 수 있어요.

우렁 쌈밥

재료

밥 2주걱
케일 10장
우렁 100g
두부 150g
청양고추 3개
양파 80g
요리유 3스푼
들기름 2스푼

된장 소스

고추장 1스푼
된장 2스푼
물 15스푼
다진 마늘 1스푼
고춧가루 1스푼
올리고당 2.5스푼

밥 밑간

참기름 2스푼
깨 0.5스푼

만드는 법

1 두부는 으깨고 양파와 청양고추는 다진다.
2 끓는 물에 케일을 25초 정도 데친 후 찬물에 헹궈 꾹 짠다.
3 팬에 요리유와 들기름을 두르고 다진 양파를 넣어 달달 볶는다. 양파가 투명해지면 으깬 두부를 넣고 볶아 주다가, 된장 소스 재료 중 고추장, 된장, 물 5스푼을 넣어서 잘 풀어 준다.
4 그다음 우렁이와 다진 청양고추를 넣고, 된장 소스 재료 중 다진 마늘, 고춧가루, 올리고당, 물 10스푼을 넣어서 잘 섞는다. 자글자글 끓여 졸인다.
5 밥에 밥 밑간 재료를 넣어서 잘 버무린다.
6 데친 케일을 뒤집은 뒤 우렁 된장과 밥을 올린다. 줄기 부분부터 접어서 말아 주면 완성이다.

Tip. · 우렁이는 굵은소금 0.5스푼, 밀가루 1스푼을 넣고 바락바락 주물러서 세척해 주세요.

옛날 도시락

재료

자른 신김치 100g
분홍 소시지 1/4개
계란 1개

양념

들기름 1스푼
설탕 0.5스푼
소금 2꼬집
물 2스푼
깨 조금
요리유 적당량

만드는 법

1. 분홍 소시지는 두툼하게 썬다.
2. 계란을 깨서 소금을 넣어 잘 풀어 준 다음, 분홍 소시지를 넣어 계란옷을 입힌다.
3. 팬에 요리유를 두르고 분홍 소시지를 부친다.
4. 팬에 요리유와 들기름을 두르고, 자른 김치와 설탕을 넣어 볶는다. 양념이 졸아들면 물 2스푼을 넣어 다시 한번 볶은 뒤 깨로 마무리한다.

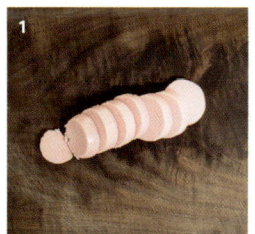

Tip.
- 김자반이나 멸치 볶음 같은 밑반찬이 있으면 함께 활용하세요. 멸치 볶음은 152쪽의 멸치 주먹밥 레시피를 참고하세요.
- 기호에 따라 계란프라이를 해서 올리면 좋아요.

고추 잡채

재료

돼지고기 등심(잡채용) 150g
꽃빵 3개
피망 100g
미니 파프리카 75g
양파 80g
요리유 적당량

돼지고기 밑간

전분가루 2스푼
맛술 1스푼
소금 3꼬집
후추 2꼬집

양념

간장 1스푼
굴소스 1.5스푼
고춧가루 0.5스푼
설탕 0.5스푼

만드는 법

1. 꽃빵은 스팀기로 4분간(찜기로는 5분) 찐다.
2. 피망, 파프리카, 양파는 채 썰어서 준비한다.
3. 잡채용 등심에 밑간 재료를 넣어 조물조물 잘 버무린다.
4. 팬에 요리유를 적당히 두르고 등심을 볶아 준다. 고기가 80% 정도 익으면 양파를 넣어서 볶는다.
5. 양파가 투명해지면 피망과 파프리카를 넣어 다시 한 번 볶는다.
6. 고기가 다 익으면 팬 가장자리에 양념 재료를 붓고 빠르게 볶아 완성한다.

Tip. · 파프리카, 피망을 처음부터 볶으면 물러져서 아삭함이 없어지니, 양파를 볶은 후에 넣는 것을 추천해요.

전복 새송이 버터구이

재료

전복 6미
새송이버섯 100g
마늘 10쪽
페페론치노 4개

양념

버터 40g
소금 6꼬집
후추 4꼬집

만드는 법

1. 손질한 전복은 격자 모양으로 칼집을 낸다.
2. 마늘은 반으로 자른다. 새송이버섯은 전복과 비슷한 크기가 되도록 편으로 자른 뒤, 격자 모양으로 칼집을 낸다.
3. 팬에 버터를 두른 뒤, 마늘과 칼집을 아래로 향하게 각 재료들을 올리고 노릇하게 굽는다.
4. 전복이 익으면 페페론치노를 부셔서 넣고, 소금과 후추로 간한다.

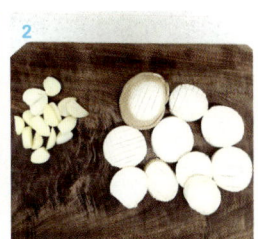

Tip.
- 페페론치노가 없으면 청양고추 1개를 다져서 넣어 주세요.
- 전복은 칫솔로 깨끗이 세척한 뒤 가위로 내장과 이빨을 제거하세요.

규동

재료

밥 2주걱
소고기 등심 180g
양파 100g
쪽파 10g
계란 1개

양념

물 6.5스푼
쯔유 6스푼
설탕 2스푼
미림 2스푼
후추 2꼬집
고춧가루 조금

만드는 법

1. 등심은 먹기 좋은 크기로 2cm 간격으로 잘라서 준비한다.
2. 양파는 채 썰고 쪽파는 송송 썬다.
3. 냄비에 물, 쯔유, 설탕, 미림을 넣고 준비해 둔 양파를 같이 넣어 끓인다.
4. 양파가 투명해지면 등심을 넣고 중강불에서 부르르 끓여 준다.
5. 고기가 익으면서 거품이 올라오면 거품을 제거하고 후추를 뿌려서 마무리한다.
6. 도시락에 밥과 소고기를 담고, 계란 노른자와 고춧가루를 추가한다.

Tip.
- 소고기는 차돌박이나 불고기 거리를 활용해도 좋아요.
- 쯔유가 없다면 간장 3스푼으로 대체해서 사용하세요.

간장 등갈비와 감태말이

재료

밥 1.5주걱
삶은 등갈비 500g
감태 1장
명란 1개
청양고추 약간

양념

올리고당 1.5스푼
전분물 2스푼
깨 2꼬집
참기름 2스푼

등갈비 양념

물 2컵
간장 4스푼
미림 5스푼
설탕 1.5스푼
다진 마늘 1스푼
후추 3꼬집

명란마요 소스

마요네즈 1스푼
설탕 0.5스푼
깨 2꼬집

만드는 법

1 삶은 등갈비에 등갈비 양념 재료를 모두 넣고 잘 섞이게 끓인다.
2 볼에 명란을 짠 다음, 명란마요 소스 재료를 모두 넣어 섞는다. 청양고추는 송송 썬다.
3 적당히 졸여진 등갈비에 올리고당을 넣고 전분물을 넣어 한 번 더 볶아 준다. 그다음 참기름과 깨를 넣어서 마무리한다.
4 밥을 네모 모양으로 모양을 만들고 감태를 두툼한 띠 크기로 자른 다음, 밥 위에 둘러 준다.
5 감태말이 위에 명란마요 소스와 청양고추를 올려 주면 완성이다.

Tip. · 등갈비를 삶으려면 압력솥에 넣고 중강불에서 15분, 중약불에서 5분간 익히세요.

라이스페이퍼 치킨

재료

라이스페이퍼 20~25장
닭 안심 200g
미니 파프리카 50g
미지근한 물 적당량

양념

소금 3꼬집
요리유 3스푼
전분물 1스푼

닭 밑간

소금 2꼬집
후추 3꼬집
요리유 2스푼

간장 소스

간장 3스푼
설탕 2스푼
식초 1.5스푼
물 8스푼

만드는 법

1. 닭 안심은 한입 크기로 자르고 밑간 재료를 골고루 뿌린다.
2. 미지근한 물에 라이스페이퍼를 적신 뒤 닭고기를 올려 만다.
3. 트레이에 요리유를 바르고 라이스페이퍼에 감싼 안심을 올린다. 고기 겉부분에 소금을 다시 한번 뿌리고 요리유를 덧바른다.
4. 오븐이나 에어프라이어에서 220도로 앞면 10분, 뒷면 15분간 돌려 준다.
5. 고기가 익는 동안 파프리카를 사각으로 썬다. 팬에 간장 소스 재료를 넣은 뒤 파프리카를 넣어서 끓인다. 마지막에 전분물을 넣어 농도를 맞춘 뒤 마무리한다.
6. 통에 라이스페이퍼 치킨을 담고 소스를 붓는다.

Tip. • 밑반찬으로 곁들이기 좋은 꼬들 단무지 무침 레시피

재료 꼬들 단무지 100g, 쪽파 10g

양념 고춧가루 4꼬집, 설탕 5꼬집, 참기름 2스푼, 깨 0.5스푼

쪽파를 송송 썬 다음, 볼에 모든 재료를 넣어 잘 버무려 주세요.

크루아상 샌드위치

재료

미니 크루아상 3개
체다치즈 3장
슬라이스햄 6장
치커리 30g
파슬리가루 조금

소스

마요네즈 1스푼
허니머스타드 1스푼
연유 0.5스푼

만드는 법

1 볼에 소스 재료를 넣고 잘 섞는다.
2 체다치즈는 대각선 방향으로 반을 자르고, 치커리는 크루아상 크기에 맞춰서 적당히 자른다. 햄은 빵 크기에 맞춰서 접는다.
3 크로아상을 반으로 가른 뒤, 양면에 소스를 듬뿍 바른다.
4 한쪽 빵 위에 1/3 분량의 치커리, 치즈, 슬라이스햄을 순서대로 올리고 나머지 빵으로 덮은 뒤 파슬리가루를 뿌린다. 같은 식으로 샌드위치 2개를 더 만든다.

Tip.
- 슬라이스햄은 세모 반듯한 모양 대신 비스듬하게 두 번 접어서 넣어 주세요.
- 사과를 슬라이스해서 넣으면 더 맛있어요.

트리 삼각 김밥

재료

소고기 다짐육 80g
밥 2주걱
감태 3장
당근 40g
양파 50g
대파 50g

양념

간장 2스푼
굴소스 1스푼
설탕 4꼬집
후추 2꼬집
참기름 1스푼
깨 0.5스푼
요리유 적당량
마요네즈·케첩 적당량

만드는 법

1. 대파, 당근, 양파는 잘게 다진다.
2. 팬에 요리유를 두르고 다진 야채를 넣어 볶다가 다짐육을 넣어서 볶는다.
3. 여기에 간장, 굴소스, 설탕, 후추를 넣어서 휘리릭 볶는다.
4. 밥에 완성된 소고기 야채 볶음, 참기름, 깨를 넣고 골고루 잘 섞어 준다. 그다음 밥을 잘 뭉쳐서 세모 모양이 되도록 주먹밥을 만든다.
5. 감태를 잘게 찢은 뒤 주먹밥에 감태를 묻혀 옷을 입힌다.
6. 완성된 감태 삼각 김밥에 마요네즈를 지그재그로 짜주고 케첩을 콕콕 찍어 모양을 낸다.

Tip.
- 조미 감태를 사용할 때는 간장 분량을 조절하면서 간하세요.
- 소고기 다짐육을 사는 것보다는 양지를 사서 다지는 게 고기 잡내가 나지 않아서 좋아요.
- 마요네즈와 케첩으로 모양을 낼 때는 물약통을 이용하시면 좋아요.

항정살 덮밥

재료

항정살 200g
생강 20g

양념

올리고당 1스푼
깨 0.3스푼

간장 소스

두반장 1스푼
간장 2스푼
설탕 0.5스푼
후추 3꼬집
미림 1스푼
물 5스푼

만드는 법

1. 팬에 항정살을 올린 뒤 노릇하게 굽는다.
2. 볼에 간장 소스 재료를 넣고 잘 섞어 준다.
3. 다 익은 항정살을 먹기 좋게 자르고 소스를 붓는다.
4. 생강은 편으로 썰어서 넣고, 올리고당을 넣어 윤기를 낸다.
5. 소스가 졸아들면 깨를 뿌린다. 도시락통에 밥을 담고 그 위에 고기를 얹어 완성한다.

Tip.
- 새싹채소를 듬뿍 올리면 맛을 더 좋게 만들 뿐만 아니라 색감까지 살릴 수 있어요.
- 항정살을 익힐 때 코팅이 잘된 팬이면 마른 팬에 바로 굽고, 그렇지 않다면 요리유 2스푼을 넣어서 구워 주세요.

훈제오리 쪽파 볶음

재료

훈제오리 200g
쪽파 180g
마늘 10쪽

양념

간장 1.5스푼
굴소스 1스푼
설탕 0.5스푼
후추 3꼬집
들기름 1스푼
깨 0.5스푼
요리유 적당량

만드는 법

1. 쪽파는 3cm 간격으로 썰고 흰 부분과 파란 부분을 분리해 둔다. 마늘은 반으로 잘라서 준비한다.
2. 팬에 요리유를 적당히 두르고 마늘을 먼저 넣어 향을 낸다.
3. 그다음 훈제오리를 넣고 굽다가 쪽파 흰 부분을 넣어 볶는다.
4. 팬 가장자리에 간장, 굴소스, 설탕, 후추를 넣어 볶는다.
5. 마지막으로 쪽파 파란 부분과 들기름을 넣어서 휘리릭 볶아 볶아 주고, 깨를 뿌려 완성한다.

딸기 롤샌드위치

재료

식빵 4장
딸기 12개
크림치즈 60g
연유 1스푼

만드는 법

1. 식빵은 테두리를 자르고 밀대로 밀어서 납작하게 만들어 준다.
2. 랩을 먼저 깐 뒤 그 위에 식빵을 올리고 크림치즈와 연유를 바른다.
3. 딸기의 뾰족한 앞부분을 자르고, 딸기를 두세 개씩 붙여서 식빵에 올린 뒤 돌돌 말아 준다.
4. 랩으로 꼼꼼하게 감싸서 모양을 잡아 준다. 나머지 식빵들도 같은 방식을 이용해 롤을 만든 뒤, 랩을 벗기고 한입 크기로 썰어서 도시락에 담는다.

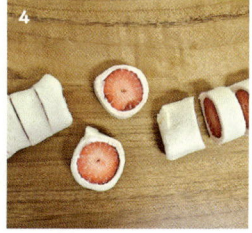

Tip.
- 취향에 따라 연유 대신 딸기잼, 땅콩잼, 초코잼 등을 넣어 만들 수 있어요.

식빵 시금치 프리타타

재료

식빵 1개
시금치 60g
소시지 1개
양파 40g
방울토마토 50g
계란 3개
체다치즈 1장

양념

버터 20g
굴소스 1스푼
파슬리가루 1꼬집
요리유 2스푼

계란물

우유 5스푼
소금 2꼬집
후추 2꼬집

만드는 법

1 시금치는 먹기 좋은 크기로 적당히 자르고, 양파는 채 썬다. 소시지는 편으로 얇게 썰고 방울토마토는 반으로 가른다.
2 계란을 깨뜨린 뒤 계란물 재료를 넣어 잘 풀어 준다.
3 팬에 버터를 두르고 1에서 손질한 재료를 모두 넣은 뒤, 굴소스를 둘러 볶는다.
4 에어프라이어 용기에 요리유를 바르고 계란물과 볶은 재료를 담는다. 식빵도 한입 크기로 잘라 계란물 사이사이에 넣어 준다.
5 체다치즈도 한입 크기로 잘라서 넣고 파슬리가루를 뿌린다. 오븐이나 에어프라이어로 200도에서 15분~20분 돌리면 완성이다.

Tip.
- 주재료인 시금치와 계란 외에는 집에 있는 채소를 적당히 활용해서 만들 수 있어요.
- 파마산치즈가 있다면, 계란물에 같이 넣어도 좋아요.
- 에어프라이어 용기에 요리유를 발라 둬야 나중에 프리타타가 잘 떨어져요.

새송이 떡갈비

재료

돼지고기 다짐육 300g
새송이버섯 100g
대파 흰 부분 35g
양파 40g
요리유 적당량

고기 양념

다진 마늘 1스푼
간장 3스푼
설탕 1스푼
후추 3꼬집
생강가루 0.5스푼
전분가루 1스푼
참기름 2스푼

바르는 양념

간장 1스푼
올리고당 1스푼
미림 1스푼

만드는 법

1 돼지고기 다짐육은 키친타월로 핏물을 제거한다.
2 대파 흰 부분과 양파는 다지고, 새송이버섯도 3~4cm 크기로 자른다.
3 볼에 다짐육을 담고 고기 양념 재료를 모두 넣은 뒤 다진 양파와 대파를 넣어 잘 치댄다.
4 새송이버섯을 가운데에 두고 고기 반죽으로 감싸서 모양을 잡아 준다.
5 팬에 요리유를 적당히 두르고 중약불에서 떡갈비를 노릇하게 굽는다.
6 바르는 양념 재료를 잘 섞어 소스를 만든 뒤, 노릇하게 구워진 떡갈비에 발라 한 번 더 구워 주면 완성이다.

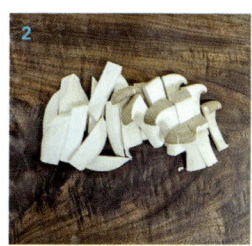

명란 크림 파스타

재료

리가토니면 120g
느타리버섯 70g
양파 110g
저염 명란 2개

양념

소금 0.7스푼
통후추 2꼬집
버터 40g
올리브유 1스푼

크림 소스

생크림 250g
우유 1.7컵
굴소스 1스푼
통후추 3꼬집

만드는 법

1. 냄비에 물을 반 정도 담고 리카토니면을 넣는다. 여기에 소금 0.5스푼, 올리브유 1스푼을 넣어 15분간 삶는다.
2. 느타리버섯은 기둥을 자르고 양파는 채 썬다. 명란은 겉막을 제거하고 알만 짜 준다.
3. 팬에 버터 20g을 두르고 느타리버섯에 소금 0.2스푼, 통후추 2꼬집을 뿌려서 노릇하게 굽는다.
4. 느타리버섯을 구운 팬에 버터 20g을 두르고 양파를 볶는다. 양파가 투명해지면 삶은 리가토니면을 넣는다.
5. 명란과 크림 소스 재료를 넣어 준다. 크림 소스가 적당히 졸여지면 완성이다.

Tip.
- 리가토니면을 삶을 때 식감이 있는 면을 좋아하면 10분, 부드러운 식감을 좋아하면 13~15분간 익혀 주세요.
- 매콤함을 추가하려면 페페론치노를 부셔서 넣으세요.
- 크림 소스를 만들 때 명란을 다 넣어도 되지만, 1스푼 정도를 남겼다가 완성된 파스타 위에 얹어 간을 맞추며 먹어도 좋아요.

치킨 토르티야롤

재료

닭 안심 90g
노랑·빨강 파프리카 각 75g
상추 15g
토르티야 1장(20cm 크기)
계란 1개
밀가루·빵가루·요리유 적당량

소스

마요네즈 1스푼
허니머스타드 1스푼
연유 0.5스푼

만드는 법

1. 노랑·빨강 파프리카는 채 썰어 준비한다. 소스 재료는 잘 섞어서 준비한다.
2. 계란을 깨뜨려 계란물을 만든다. 닭고기에 밀가루, 계란물, 빵가루를 순서대로 묻힌 뒤, 팬에 요리유를 넉넉히 부어 노릇하게 튀긴다.
3. 마른 팬에 토르티야를 올리고 앞뒤 따뜻하게 굽는다.
4. 왁스 페이퍼 위에 랩을 적당한 크기로 놓는다. 그 위에 토르티야를 올리고 소스를 바른다.
5. 토르티야 위에 파프리카와 닭고기, 상추를 일렬로 잘 얹고, 랩과 함께 꼼꼼하게 말아 준다.
6. 왁스 페이퍼로 한 번 더 만 뒤 반으로 자르면 완성이다.

Tip. · 왁스 페이퍼는 다이소 등에서 취향에 따라 다양한 디자인을 고를 수 있어요.

찹스테이크

재료

소고기 안심 250g
파프리카 75g
양파 75g
새송이버섯 100g
브로콜리 80g
마늘 6쪽

양념

소금 4꼬집
후추 3 꼬집
버터 30g

스테이크 소스

돈가스소스 2스푼
굴소스 1스푼
케첩 1스푼
올리고당 2스푼
다진 마늘 1스푼

만드는 법

1. 파프리카와 양파, 새송이버섯은 적당한 크기로 깍둑 썰고, 마늘은 반으로 자른다. 브로콜리는 뜨거운 물에 살짝 데친 후 다른 채소와 비슷한 크기로 자른다.
2. 소고기 안심은 키친타월로 핏물을 제거한 뒤, 큐브 모양으로 깍둑 썬다.
3. 볼에 스테이크 소스 재료를 넣고 잘 섞는다.
4. 팬에 버터를 두른 뒤 소고기를 올린다. 소금과 후추를 뿌려 굽다가 마늘을 넣고 같이 볶아 준다.
5. 마늘이 어느 정도 익으면 준비한 채소와 소스를 넣어서 잘 볶는다.

Tip.
- 냉장고 속 남는 채소를 활용해서 만들기 좋아요.
- 안심은 오래 볶으면 질겨질 수 있으니 적당히 익혀 주세요.

포케 샐러드

재료

- 닭 안심 120g
- 현미보리쌀밥 0.7주걱
- 느타리버섯 80g
- 방울토마토 50g
- 병아리콩 25g
- 양상추 70g
- 치커리 10g
- 올리브 5개
- 삶은 계란 1/2개

양념

- 굴소스 0.5스푼
- 소금 7꼬집
- 후추 3꼬집
- 요리유 적당량

오리엔탈 소스

- 올리브유 1.5스푼
- 간장 2스푼
- 알룰로스 1스푼
- 레몬즙 2스푼
- 식초 1스푼
- 다진 마늘 0.5스푼
- 깨 조금

만드는 법

1. 병아리콩은 물에 불린 뒤 소금 5꼬집을 넣고 15분간 삶는다. 느타리버섯과 치커리, 양상추는 먹기 좋은 크기로 적당히 자른다. 방울토마토와 올리브는 반으로 가른다.
2. 오리엔탈 소스 재료를 잘 섞은 뒤 냉장고에 보관해 둔다.
3. 팬에 요리유를 두르고 느타리버섯과 굴소스를 넣어 볶는다. 다른 팬에도 요리유를 두르고 닭 안심을 올린 뒤 소금 2꼬집과 후추 3꼬집을 뿌려서 같이 굽는다.
4. 양상추를 도시락통 아래에 깔고 한가운데에 현미보리쌀밥을 담는다.
5. 밥 주변에 준비한 병아리콩, 방울토마토, 올리브, 느타리버섯, 치커리, 닭 안심, 삶은 계란을 담는다. 오리엔탈 소스를 뿌려서 먹는다.

Tip. 냉장고 사정에 따라 닭 안심 대신 연어나 새우를 활용해서 만들어도 좋아요. 레시피 재료에 구애받을 필요없이 다양한 냉장고 속 채소를 활용하세요.

스테이크
바질 크림 리소토

재료

채끝살 200g
보리쌀밥 1.3주걱
양파 60g
마늘 4쪽
버터 40g
올리브유 2스푼

고기 밑간

소금 4꼬집
후추 3꼬집
올리브유 2스푼

크림 소스

바질페스토 2스푼
생크림 250g
굴소스 1스푼
파슬리가루 2꼬집

만드는 법

1 양파와 마늘은 잘게 다진다.
2 채끝살에 밑간 재료를 골고루 뿌려 준다.
3 가열된 팬에 버터를 두르고 채끝살 앞뒤를 잘 굽는다. 팬을 살짝 기울여 버터를 끼얹어 가면서 구운 뒤, 완성된 스테이크는 꺼내어 래스팅한다.
4 팬에 올리브유를 넣고 다진 마늘과 양파를 넣어 볶는다.
5 양파가 투명해지면 보리쌀밥과 소스 재료 중 생크림, 굴소스를 넣어서 부르르 끓여 준다.
6 불을 끄고 바질페스토를 넣어 잘 섞는다.
7 래스팅된 스테이크를 먹기 좋게 썬 다음, 리소토 위에 얹고 파슬리가루를 뿌려 마무리한다.

Tip.
- 보리쌀로 리소토를 하면 식감이 좋아요.
- 파스타나 리소토에는 올리브유를 사용하는 쪽이 향긋한 풍미가 있어 잘 어울려요.

장어 덮밥

재료

시판 초벌 장어 1마리
계란 2개
대파 흰 뿌리 부분 40g
생강 30g

양념

소금 3꼬집
미림 1스푼
요리유 적당량

간장 소스

간장 4스푼
미림 5스푼
설탕 1스푼
올리고당 1.5스푼
물 2스푼

만드는 법

1. 팬에 간장 소스 재료를 모두 넣는다. 대파 흰 뿌리와 생강 20g을 통으로 넣어 같이 끓인다.
2. 소스 농도가 살짝 되직해지면 불을 끄고 식힌다.
3. 계란을 깬 뒤 소금과 미림을 넣어 잘 풀어 준다. 팬에 요리유를 두르고 계란 지단을 부쳐서 채 썬다.
4. 팬에 초벌 장어를 올린 뒤 굽는다. 노릇해지면 먹기 좋은 크기로 자르고 준비한 소스를 앞뒤로 발라 한 번 더 굽는다.
5. 도시락통에 밥을 깔고 간장 소스를 둘러 준다. 그 위에 계란 지단과 장어를 올려 완성한다. 생강 10g을 잘게 채 썰어서 같이 곁들인다.

Tip. • 코팅이 잘 되어 있는 팬에 중약불로 불을 맞추고, 앞면 계란물이 다 익었을 때 뒤집어야 찢어짐 없는 지단을 만들 수 있어요.

아보카도 간장 계란밥

재료

아보카도 80g
계란 1개
조미김(작은 것) 2~3장

양념

쯔유 2스푼
참기름 1스푼
깨 0.5스푼
소금 1꼬집
요리유 적당량

만드는 법

1. 아보카도는 얇게 어슷 썰어서 준비한다. 조미김은 잘게 자른다.
2. 팬에 요리유를 두르고 계란프라이를 한다. 소금을 뿌린 뒤 기호에 따라 익힌다.
3. 도시락에 밥을 담고 쯔유, 참기름, 깨를 잘 섞어서 둘러 준다. 그 위에 계란프라이와 아보카도, 조미김을 올린다.

Tip.
- 색이 푸른 아보카도를 구매할 경우에는 실온에 2~3일 후숙한 뒤 짙은 밤색이 되면 먹어요.
- 냉동한 병아리콩이 있다면 전자레인지에 돌린 후 활용하세요.

아보카도 무스비

재료

밥 2주걱
아보카도 80g
스팸 150g
계란 3개
체다치즈 2장
김 1/2장

양념

소금 5꼬집
미림 1스푼
참기름 2스푼
요리유 적당량

만드는 법

1. 아보카도는 세로로 어슷 썰고, 스팸은 뜨거운 물에 담가 불순물을 제거한 뒤 적당한 두께로 썰어 준다. 체다치즈는 스팸과 비슷한 크기가 되도록 자른다. 김은 2cm 두께로 길게 자른다.
2. 계란을 깬 뒤 소금 2꼬집과 미림 1스푼을 넣어 잘 풀어 준다.
3. 팬에 요리유를 두르고 스팸을 굽는다. 다른 팬에도 요리유를 두르고 계란물을 붓는다. 계란 지단은 스팸과 비슷한 크기가 되도록 말아 준다.
4. 밥에 소금 3꼬집과 참기름을 넣어 밑간한 다음, 스팸 통을 이용해서 모양을 잡아 준다.
5. 밥 위에 체다치즈 → 계란 → 스팸 → 아보카도를 순서대로 올린다.
6. 김 띠로 잘 말아서 완성한다.

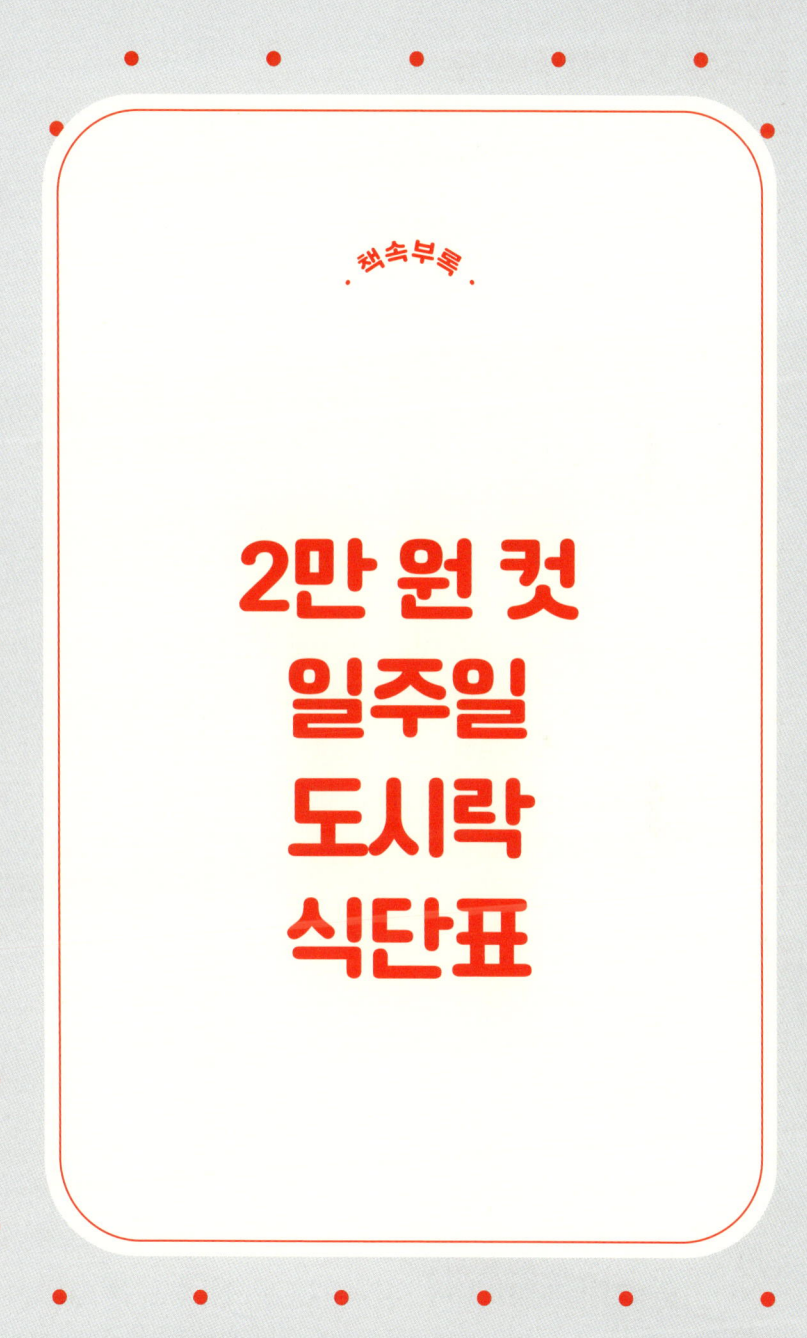

2만 원 컷
일주일 도시락 식단표

이 장에는 책에 소개된 다양한 레시피를 이용해서 2만 원 내외로 만들 수 있는 일주일 식단표를 소개합니다. 실제 제가 장을 본 기록을 토대로 하고 있고요, 이해를 돕기 위한 몇 가지 원칙을 말씀드릴게요.

1. 책에 소개한 가격은 재래시장과 쿠팡을 기준으로 하고 있습니다. 저의 경우, 주말에 재래시장에 가서 일주일 치 식재료를 1차로 구입하고 그 외 필요한 재료들을 쿠팡에서 2차로 구매하거든요. 채소 등의 특정 품목들은 재래시장이 온라인보다 좀 더 저렴한 편이고, 쿠팡에는 때에 따라 할인이 많이 되는 품목도 있기 때문에, 구매가는 그때그때 달라질 수 있어요.

2. 고기나 채소의 경우, 주로 g단위로 분량을 표기했어요. 크기에 따라 중량 차이가 꽤 나기 때문인데요, 다행히 요새는 온라인 쇼핑몰이나 재래시장에서도 몇 g인지를 쉽게 확인할 수 있습니다. 단, 필요에 따라 개수나 묶음, 단으로도 표기했으니 참고하세요.

3. 레시피 분량에 딱 맞춰서 장을 보면 좋겠지만, 때로는 실제 필요한 분량과 장보기 분량에 차이가 생길 수 있어요. 이때는 재료가 모자라는 일이 없도록 레시피 분량보다는 넉넉히 장보기 분량을 잡았어요. 예를 들어 차돌박이가 330g이 필요할 경우, 300g짜리 제품 대신 4~500g짜리 제품을 구매하는

식이죠. 400g짜리를 구매해서 남는 자투리 분량을 요리에 활용하는 것을 선호하는 분도 있고, 차라리 500g짜리를 구매해서 남은 분량을 냉동 보관했다가 다음주 식단에 활용하는 것을 선호하는 분도 있으실 테니, 어떤 기준으로 장을 볼지는 선호도에 따라 결정하세요.

4. 완제품으로 판매하거나 수량이 정해져 있어서 더 많이 구입해야 할 때가 있어요. 예를 들어 김밥김이 총 2장 필요해도 2장만 구매할 수가 없죠. 계란은 보통 한 판 단위로 구매해서 냉장고에 넣어 두고요. 그래서 이럴 때는 구매 정가를 필요 수량으로 나눠서 개별 수량당 가격으로 구매가를 산정했어요. 김밥김 10장짜리 제품을 2,600원에 구입할 경우, 김밥김 1장의 구매가를 260원으로 정한 거죠. 김밥김 2장을 쓰고 8장이 남았다면, 그다음 주에 김밥김을 사용하는 식단표를 고르시고 해당 구매가를 빼시면 돼요.

5. 대파나 쪽파, 청양고추 등의 부재료들의 경우, 사용하는 분량은 적은 반면에 판매하는 기본 분량은 많은 편이라서 가격이나 분량을 나누기가 너무 애매하더라고요. 그래서 이런 부재료들은 상황에 따라 장보기를 조정했으니 식단표를 참고해 주세요.

• 1주 •

월	화	수	목	금
묵은지말이 밥	차돌박이 팽이버섯 말이	열무 참치 비빔밥	규동	두부 강정

구분	레시피 수량	장보기 수량	구입처	단가(원)
참치	150g+60g	150g짜리 2개	쿠팡	3,370
청양고추	1개	1묶음(8~9개)	재래시장	750
차돌박이, 양지모듬	150g+180g	500g	쿠팡	10,650
팽이버섯	150g	150g	재래시장	350
양파	100g	100g	쿠팡	670
두부	300g	1모(300g)	재래시장	990
계란 (한 판 6800원)	2개+1개	3개	재래시장	690
쪽파	10g	100g	쿠팡	1,255
			장보기 합계	18,725원

- 규동에 소고기 등심 대신 기름이 적은 양지로 대체 가능해요.
- 규동 레시피의 쪽파는 고명으로 올린 것이라 생략 가능해요. 쪽파 대신 집에 있는 대파로 활용해도 좋고 둘 다 없는 경우 깨를 뿌려서 마무리해요.

· 2주 ·

월	화	수	목	금
스팸 간장 덮밥	마파두부	무생채 덮밥	새송이 떡갈비	간장 무조림

구분	레시피 수량	장보기 수량	구입처	단가(원)
스팸	150g+100g	340g짜리 1개	쿠팡	3,720
양파	80g+80g+40g	300g	쿠팡	1,990
두부	200g	1모(300g)	재래시장	990
파프리카	30g	120g	쿠팡	1,250
대파	20g+35g+15g+40g	1단	재래시장	1,000
돼지고기 다짐육	300g	400g	쿠팡	3,860
무	350g+560g	900g	쿠팡	2,450
새송이버섯	100g	170g	쿠팡	870
계란 (한 판 6800원)	2개+1개	3개	재래시장	690
생강	10g	80g짜리 1봉지	재래시장	1,150
청양고추	2개	1묶음(8~9개)	재래시장	750
			장보기 합계	18,720원

• 3주 •

월	화	수	목	금
삼겹살 김치찜	가지 덮밥	고추장 삼겹살	콩나물 버섯밥	부추 계란 볶음

구분	레시피 수량	장보기 수량	구입처	단가(원)
삼겹살	300g+270g	600g	쿠팡	13,370
청양고추	1개+1개	1묶음 (8~9개)	재래시장	1,000
홍고추	1개			
가지	120g	1개(120g~150g)	쿠팡	990
돼지고기 다짐육	80g	100g	쿠팡	965
통마늘	3쪽+20쪽	깐마늘 80g짜리 1팩(28쪽~30쪽)	쿠팡	870
양파	50g	100g	쿠팡	670
부추	10g+35g	200g	재래시장	1,000
콩나물	70g	300g	쿠팡	990
표고버섯	2개	2개	쿠팡	800
계란 (한 판 6800원)	3개	3개	재래시장	690
			장보기 합계	21,345원

- 가지 덮밥에 쪽파는 고명으로 올린 것이라 생략 가능하며, 쪽파 대신 집에 있는 대파로 활용해도 좋고 둘 다 없는 경우 깨를 뿌려서 마무리해요.

· 4주 ·

월	화	수	목	금
브로콜리 새우 볶음	계란 폭탄 주먹밥	땡초 김밥	두부 스팸전	케첩말이밥

구분	레시피 수량	장보기 수량	구입처	단가(원)
새우	170g	200g	쿠팡	4,590
브로콜리	130g	200g	재래시장	1,000
청양고추	5개	1묶음(8~9개)	재래시장	750
마늘	6쪽	깐마늘 80g짜리 1팩(28쪽~30쪽)	쿠팡	870
계란 (한 판 6800원)	3개+ 6개	9개	재래시장	2,070
스팸	50g+200g +100g	340g짜리 1개	쿠팡	3,720
김자반	10g	50g짜리 1팩	쿠팡	1,730
김밥김(10장짜리 1팩 2600원)	1/2개+2장	3장	쿠팡	780
사각어묵	1장	3장짜리 1팩	쿠팡	1,180
당근	35g+20g	150g	재래시장	950
두부	200g	1모(300g)	재래시장	990
양파	35g	100g	쿠팡	670
파프리카	15g	120g	쿠팡	1,250
			장보기 합계	**20,550원**

- 계란 폭탄 주먹밥에 김자반이 없는 경우 조미김으로 대체해 주세요.
- 케첩말이밥의 재료 중 대파 15g은 너무 소량이라 장보기에서 제외했으니 집에 있는 대파를 활용해 주세요.

• 5주 •

월	화	수	목	금
순두부 덮밥	훈제오리 월남쌈	양배추 만두	감자채전	양배추 소시지빵

구분	레시피 수량	장보기 수량	구입처	단가(원)
순두부	300g	350g짜리 1봉지	쿠팡	950
계란 (한 판 6800원)	2개+3개	5개	재래시장	1,150
훈제오리	200g	200g	쿠팡	4,680
빨강, 노랑 파프리카	각 150g	각 150g	쿠팡	2,490
양배추	80g+350g +50g	500g	재래시장	1,000
당근	70g+60g+15g	150g	재래시장	950
라이스페이퍼	8장~10장+10장	300g짜리 1팩	쿠팡	2,340
감자(5개짜리 1팩 3650원)	320g	감자 2개(350g)	재래시장	1,460
소시지	3개	3개입짜리 1팩	쿠팡	4,530
버터롤(6개입 1봉지 5180원)	3개	3개	쿠팡	2,590
치커리	10g	100g	재래시장	500
			장보기 합계	22,640원

- 양배추 소시지빵의 치커리는 생략 가능하며, 남는 채소를 활용하면 좋아요.

• 6주 •

월	화	수	목	금
감자 베이컨 말이	순두부 계란 덮밥	당근 스팸 김밥	베이컨 시금치 주먹밥	감자 치즈 크로켓

구분	레시피 수량	장보기 수량	구입처	단가(원)
순두부	350g	350g짜리 1봉지	쿠팡	950
대파	30g	1단	재래시장	1,000
계란 (한 판 6800원)	3개+2개	5개	재래시장	1,150
감자 (5개짜리 1팩 3650원)	320g+480g	감자 5개(875g)	재래시장	3,650
베이컨	140g+75g	130g짜리 2개	쿠팡	4,080
김밥김 (10장짜리 1팩 2600원)	2장+1/2장+1장	4장	쿠팡	1,040
당근	200g	200g	재래시장	1,260
스팸	100g	200g짜리 1개	쿠팡	2,650
시금치	100g	300g	재래시장	1,000
모차렐라치즈 (60g짜리 4개입 5300원)	50g	60g짜리 1팩	쿠팡	1,325
			장보기 합계	18,105원

- 냉장고에 남는 대파가 있다면 빼고 장을 보세요.

· 7주 ·

월	화	수	목	금
초계 묵사발	치즈 양배추전	여름 샐러드	크래미 밥샌드위치	새우튀김 삼각 김밥

구분	레시피 수량	장보기 수량	구입처	단가(원)
도토리묵	300g	300g	재래시장	1,500
닭가슴살 (400g짜리 1팩)	170g	200g	재래시장	3,290
오이	60g+125g+122g	3개(350g)	쿠팡	2,400
시판 냉면 육수	1통	1통	쿠팡	1,160
조미김(12통짜리 1팩 4810원)	1통	1통	쿠팡	401
양배추	200g	500g	재래시장	1,000
모차렐라치즈 (60g짜리 4개입 5300원)	50g	60g짜리 1팩	쿠팡	1,325
김밥김(10장짜리 1팩 2600원)	1/2장	1장	쿠팡	260
계란 (한 판 6800원)	1개+2개	3개	재래시장	690
청양고추	1개	1묶음(8~9개)	재래시장	750
방울토마토	170g	200g(반 근)	재래시장	1,500
새우	120g+150g	300g	쿠팡	6,890
병아리콩 (1kg 4980원)	55g	100g	쿠팡	498
크래미	72g	90g짜리 1팩	쿠팡	1,110
			장보기 합계	22,774원

· 8주 ·

월	화	수	목	금
닭불고기	계란말이 김밥	꽈리고추 감자 조림	꼬마 스팸 계란 김밥	두부 유부 초밥

구분	레시피 수량	장보기 수량	구입처	단가(원)
스팸	100g+150g	340g짜리 1개	쿠팡	3,720
계란 (한 판 6800원)	4개+3개	7개	재래시장	1,820
김밥김(10장짜리 1팩 2600원)	1.5장+2장	4장	쿠팡	1,040
김밥용 단무지	3줄	400g	쿠팡	1,990
당근	50g+20g	150g	재래시장	950
닭다리살	350g	400g짜리 1팩	재래시장	6,580
떡볶이떡	150g	250g	재래시장	1,000
감자(5개짜리 1팩 3650원)	320g	350g	재래시장	1,460
꽈리고추	50g	100g	재래시장	1,000
양파	80g	100g	쿠팡	670
부침두부	300g	1모(300g)	재래시장	990
유부 초밥 키트	12장/140g	14장짜리 1팩 (160g)	쿠팡	1,775
			장보기 합계	22,995원

- 닭불고기의 청양고추는 꽈리고추로 대체해서 활용했어요.

• 9주 •

월	화	수	목	금
양배추 삼겹살말이	삼색 샌드위치	삼겹살 파김치 김밥	과일 샌드위치	아보카도 간장 계란밥

구분	레시피 수량	장보기 수량	구입처	단가(원)
대패삼겹살	200g+250g	500g	쿠팡	6,990
양배추	300g	500g	재래시장	1,000
식빵	4장+4장	10장짜리 1봉지	쿠팡	2,450
계란(한 판 6800원)	2개+1개	3개	재래시장	690
슬라이스햄	5장	7개입짜리 1팩 (100g)	쿠팡	1,890
오이	80g	100g	쿠팡	800
김밥김(10장짜리 1팩 2600원)	2장	2장	쿠팡	520
생크림	250g	250g	제과점	2,600
귤(작은 사이즈)	6개	6개	재래시장	3,000
딸기(500g짜리 1팩 4,990원)	6개	200g	홈플러스	1,996
아보카도	80g	100g	쿠팡	2,500
조미김(12통짜리 1팩 4810원)	1통	1통	쿠팡	401
			장보기 합계	24,837원

- 삼겹살 파김치 김밥은 파김치 대신 집에 있는 묵은지를 활용해서 만들었어요.
- 과일 샌드위치는 제과점에서 파는 생크림을 사는 게 조금 더 저렴해요(1인 기준).
- 과일 샌드위치를 만들 때 키위, 샤인머스캣, 오렌지 등 제철 과일을 사용하면 더 맛있고 저렴하게 먹을 수 있어요.

· 10주 ·

월	화	수	목	금
멸치 주먹밥	식빵 시금치 프리타타	소시지 김밥	와사비 계란 샌드위치	옛날 도시락

구분	레시피 수량	장보기 수량	구입처	단가(원)
잔멸치	100g	150g	쿠팡	3,200
견과류(240g짜리 1통 8900원)	30g	30g	쿠팡	1,020
김자반	10g	50g짜리 1팩	쿠팡	1,730
식빵	1장+4장	10장짜리 1봉지	쿠팡	2,450
시금치	60g	300g	재래시장	1,000
소시지	1개+2개	3개입짜리 1팩	쿠팡	4,530
양파	40g	100g	쿠팡	670
방울토마토	50g	200g(반 근)	재래시장	1,500
계란(한 판 6800원)	3개+6개+6개+1개	16개	재래시장	3,680
김밥김(10장짜리 1팩 2600원)	2장	2장	쿠팡	520
분홍소시지	1/4개	1개	쿠팡	1,490
체다치즈(10장짜리 1팩 3180원)	1장	1장	쿠팡	318
			장보기 합계	**22,108원**

- 옛날 도시락을 만들 때 남는 김자반과 멸치 볶음이 있으면 활용해요.

· 11주 ·

월	화	수	목	금
돈가스롤	두부 계란 김밥	데리야키 치킨 소보로 덮밥	돈가스 김치 덮밥	진미채 김밥

구분	레시피 수량	장보기 수량	구입처	단가(원)
돼지고기 등심	360g+120g	500g	재래시장	5,600
체다치즈(10장짜리 1팩 3180원)	3장	3장	쿠팡	954
계란(한 판 6800원)	2개+1개+3개+6개+3개	15개	재래시장	3,900
양파	80g	100g	쿠팡	670
대파	30g	1단	재래시장	1,000
두부	150g	1모(300g)	재래시장	990
김밥김(10장짜리 1팩 2600원)	1장+2장	3장	쿠팡	780
진미채	100g	100g	재래시장	3,000
닭다리살	300g	300g	재래시장	4,935
부추	15g	200g	재래시장	1,000
생강	15g	80g짜리 1봉지	재래시장	1,150

장보기 합계   23,979원

- 남은 부추로 부추전이나 부추 계란 볶음을 만들어도 좋아요.

• 12주 •

월	화	수	목	금
유린기	참치 새싹 덮밥	회오리 김밥	아보카도 무스비	포케 샐러드

구분	레시피 수량	장보기 수량	구입처	단가(원)
닭다리살	200g+120g	400g	재래시장	6,580
양상추	100g+70g	1통	재래시장	1,500
홍고추	2개	1묶음 (8~9개)	재래시장	1,000
청양고추	1개			
양파	30g	100g	쿠팡	670
계란 (한 판 6800원)	3개+1/2개+3개	7개	재래시장	1,820
아보카도	80g	100g	쿠팡	2,500
스팸	150g	200g짜리 1개	쿠팡	2,650
체다치즈(10장짜리 1팩 3180원)	2장	2장	쿠팡	636
김밥김(10장짜리 1팩 2600원)	1/2장+2장	3장	쿠팡	780
참치	85g	100g짜리 1개	쿠팡	1,123
새싹채소	20g	50g	재래시장	1,000
어린잎 채소	10g	50g	재래시장	1,000
밥에싸먹는햄	120g	120g	쿠팡	1,990
			장보기 합계	23,249원

- 유린기의 대파 20g은 따로 장을 보지 않았어요.
- 포케 샐러드는 냉장고 속 남는 재료들을 이용해서 만드는 게 가장 저렴해요. 이번에는 닭 안심 대신 닭다리살로 대체하고, 별도의 채소 구매 없이 남는 양상추와 아보카도, 새싹채소, 어린잎 채소를 활용해서 만들었어요.

일주일 2만 원으로 만드는 초간단 1단 도시락

일주일 뚝딱 도시락 레시피 100

1판 1쇄 인쇄 2025년 7월 4일
1판 1쇄 발행 2025년 7월 16일

지은이 뚝딱뚝딱계란씨 서혜란
펴낸이 고병욱

기획편집2실장 김순란 **기획편집** 권민성 조상희 김지수
마케팅 황혜리 황예린 권묘정 이보슬 **디자인** 공희 백은주
제작 김기창 **관리** 주동은 **총무** 노재경 송민진 서대원

펴낸곳 청림출판(주)
등록 제2023-000081호

본사 04799 서울시 성동구 아차산로17길 49 1010호 청림출판(주)
제2사옥 10881 경기도 파주시 회동길 173 청림아트스페이스
전화 02-546-4341   **팩스** 02-546-8053

홈페이지 www.chungrim.com   **이메일** life@chungrim.com
인스타그램 @ch_daily_mom   **블로그** blog.naver.com/chungrimlife
페이스북 www.facebook.com/chungrimlife

ⓒ 뚝딱뚝딱계란씨 서혜란, 2025

ISBN 979-11-93842-40-9 13590

※ 이 책은 저작권법에 따라 보호를 받는 저작물이므로 무단 전재와 무단 복제를 금합니다.
※ 책값은 뒤표지에 있습니다. 잘못된 책은 구입하신 서점에서 바꾸어 드립니다.
※ 청림Life는 청림출판(주)의 논픽션·실용도서 전문 브랜드입니다.